自然の恵み

アイヌのごはん

本書は「アイヌの料理」を楽しむ本です。

みなさんは「アイヌのごはん」にどのようなイメージをお持ちでしょうか。
自然とともに生き、その恵みに感謝し、大切にいただいてきました。
食材そのものの味を生かすよう、シンプルな味付けで無駄なく調理し、
そして「食べること」を楽しみます。

「アイヌの人々の料理は郷土料理。和食の原点がたくさんあります」
本書は、監修・藤村久和先生が北海道を回り、お年寄りの方々から手ほどき
を受けた料理の一部を再現した貴重な1冊です。
「食材の本当の味って、いったいどんな味なの？」
「興味はあるけど、作り方がわからない」
本書のページをめくってみてください。答えが見つかるかも知れません。

「北海道」と命名される、ずっと前からこの地に住み、
自然の恵みと生きてきた人たちのごはんを楽しんでみませんか。

CONTENTS

- 6 　汁物（オハウ）
  - 7 　えぞしか肉汁
  - 8 　にしん汁
  - 9 　にしんの白子汁
  - 9 　にしんの白子とふきのとう汁
  - 11 　かじか汁
  - 12 　さけ汁
  - 12 　銀杏草汁
  - 13 　こんぶ汁
  - 13 　いわしつみれ汁
  - 14 　[コラム] 参考・いろいろな汁物
    - えぞたぬき汁
    - 鳥のつみれ汁（オオアカゲラ）
    - えぞしか骨のお汁
- 16 　お粥（サヨ）
  - 18 　ふきとわらびの粥
  - 18 　ささのこ粥
  - 19 　まいたけ粥
  - 19 　ごぼう粥
  - 20 　エゾイガイ粥
  - 20 　あさり粥
  - 21 　すじこ粥
  - 21 　ふのり粥
- 22 　ご飯（サタマム）
  - 24 　いなきびご飯
  - 25 　ひえご飯
  - 26 　混ぜご飯　ふき
  - 27 　クレソン／あさつき／
    にりんそう／せり／ごぼう／
    ささのこ
  - 29 　ほたて・さけの混ぜご飯
  - 29 　えんどう豆の混ぜご飯
  - 30 　すじこの混ぜご飯
  - 30 　はまなすの混ぜご飯
- 31 　炊き込みご飯
  - スクスクの炊き込みご飯
  - まいたけの炊き込みご飯
  - 33 　ぎょうじゃにんにくご飯
- 34 　たたき（チタタプ）
  - 34 　にしんのたたき
  - 35 　さけのたたき
- 36 　刺身（フィペ・ルイペ）
  - 37 　たらのフィペ
  - 38 　かわがれい・ひらめのフィペ
  - 38 　にしんのフィペ
  - 38 　わかさぎのフィペ
  - 39 　ほっきのフィペ
  - 39 　あわびのフィペ
  - 40 　ほっけのルイペ
  - 40 　くじらのルイペ
  - 41 　えぞしか心臓のフィペ
- 42 　和えもの（ラタシケプ）
  - 43 　とうもろこしの合わせ煮
  - 44 　じゃがいもとすじこのつぶし和え
  - 45 　ごぼうのごま和え
  - 45 　ほっきの酢味噌和え
  - 46 　たことぎょうじゃにんにくの塩酢和え
  - 46 　たことこんぶ、きゅうりの和え物
  - 47 　サラダ
- 48 　煮物（チスイェプ）
  - 49 　魚の塩煮
    まがれい／かながしら／いわし／
    すながれい／たなご／そい

- 50 野菜の煮物
  - おにしもつけ／よぶすまそう／いたどり
- 51 ごぼう／しいたけ／ささのこ／ささげ
- 52 かしらこんぶ／ふき／ぎょうじゃにんにく
- 53 真つぶの煮物
- 53 あわびの煮物
- 54 すけとうだらとこんぶの煮物
- 55 えぞしかの紅茶煮

56 焼き物(チマイペ・チマエプ)

- 56 焼き魚　ます／
- 57 　たなご／すながれい／にしん／かわがれい／かながしら／そい／いわし
- 58 わかさぎ
- 58 ししゃも
- 59 ます(切り身)
- 59 なめたがれい
- 60 焼き肉
- 60 えぞしか
- 60 えぞしかの心臓と横隔膜
- 61 [コラム] えぞしか料理は、まだまだある
  - えぞしかもも肉のスモーク

62 炒め物(チレプ・スムコチレプ)

- 62 山菜の油炒め
  - ぎょうじゃにんにく／あさつきとはんごんそう／いたどりの若芽
- 63 肉の油炒め　えぞしかの心臓／くじら／えぞしかの横隔膜

- 64 おひたし(サカンケプ)
  - 65 せり／あさつき／クレソン／にりんそう／こごみ／えぞのりゅうきんか(やちぶき)
  - 66 いたどりのおひたし、たたき
  - 67 [コラム] 山菜の下ごしらえ
    - ふきの下ごしらえ
    - わらびの下ごしらえ
    - ささのこの下ごしらえ

68 一品料理

- 69 にしんの酢漬け
- 70 かじかの胃袋肝詰め
- 71 にしんの切り込み
- 72 たらのそぼろ
- 72 かじかのそぼろ
- 73 ほやの塩辛
- 73 ポンコンブとたまねぎの酢の物

74 団子(シト)

- 75 こんぶ団子
- 76 いも団子
- 76 かぼちゃ団子
- 77 ペネエモ(ポッチェエモ)
- 78 白子の団子
- 79 いわしつみれ団子

- 80 山菜図鑑
- 99 栽培作物図鑑
- 102 魚と陸獣図鑑

- 105 「アイヌ料理」とは何か その源流をさかのぼる

汁物（オハウ）

　昔の汁物は海水を水で割って使い、塩味を効かせて作っていました。鍋に、だしの出るこんぶや魚の焼干し、火の通りにくい硬い根菜や骨付き肉などを入れて水から炊き、煮立ったら火の通りやすい肉や魚、きのこなどを加えます。肉や魚のアクは栄養と考え、アクは取らずに、煮上がりに加える薬物・青物（ぎょうじゃにんにく等）にアクを吸わせ、えぐ味を和らげ、味の仕上げに獣や魚などの油脂を使って甘味を増し、調えました。
　今は塩味も最後に調えます。昔はなかった味噌やしょうゆもお好みで使います。

えぞしか肉汁

汁物（オハウ）

● **材料** (4人前)

えぞしか肉（横隔膜など）	100 g
にんじん	1/2 本
だいこん	10 cm
じゃがいも	3 個
ごぼう	1/2 本
きゃべつ	1/8 個
しめじ	1 パック
わらび（下ごしらえは p.67 を参照）	1 把
水	1 ℓ
こんぶ	10 cm
塩	少々

● **作り方**

1 えぞしか肉は3mmくらいの厚さにスライスする。

2 にんじん、だいこんは乱切り（あるいは半月切り、いちょう切りなどお好みの形）にする。じゃがいもは食べやすい大きさ、形に切り、ごぼうはささがきや乱切りにする。きゃべつは食べやすい大きさに切り、芯は薄切りにする。しめじは石づきを落とし、小房に分ける。わらびは食べやすい長さに切る。

3 鍋に水とこんぶ、肉を入れて中火にかける。こんぶは柔らかくなったら取り出して、少し冷ましてから食べやすい大きさに切って鍋に戻す。

4 肉に火が通ったら、にんじん、だいこん、じゃがいも、ごぼうを加える。

5 野菜に火が通ったら、きゃべつ、しめじ、わらびを加える。

6 火が通ったら、塩で味を調えて器に盛る。お好みで、器に盛る前に刻んだ青物を散らす。

にしん汁

● **材料**（4人前）

にしん……………………………2尾
にんじん………………………1/2本
だいこん………………………10cm
じゃがいも………………………3個
ごぼう…………………………1/2本
きゃべつ………………………1/8個
水…………………………………1ℓ
こんぶ…………………………10cm
塩…………………………………少々
ぎょうじゃにんにく……3、4本

● 作り方

1 にしんはうろこを落とし、頭を取り、腹を裂いて内臓を取り腹中を水で洗う。身に味が染みるよう胴体に包丁で5mm間隔くらいで切り目を入れ、5、6等分にぶつ切りにする。

2 にんじん、だいこんは乱切り（または半月切り、いちょう切りなどお好みの形）にする。じゃがいもは食べやすい大きさ、形に切り、ごぼうはささがき、あるいは乱切りにする。きゃべつは食べやすい大きさに切り、芯は薄切りにする。

3 鍋に水とこんぶ、にんじん、だいこん、じゃがいも、ごぼうを入れて中火にかける。こんぶは柔らかくなったら取り出して、少し冷ましてから食べやすい大きさに切って鍋に戻す。

4 野菜に火が通ったら、にしんときゃべつを加えて煮る。

5 にしんに火が通ったら、塩で味を調えて器に盛り、刻んだぎょうじゃにんにくを散らす。

にしんの白子汁

● 材料（4人前）

- にしんの白子 ……… ふた腹(4本)
- 生ふのり ………… 半パック(20g)
- 長ねぎ ……………………… 1/4本
- 水 ………………………………… 1ℓ
- こんぶ …………………………… 10cm
- 塩 ………………………………… 少々
- ぎょうじゃにんにく …… 3、4本

● 作り方

1. 白子は水に漬け血抜きをする。白子の色が真っ白になったら、水で洗い一口大に切り、鍋で2分くらいゆでる。火が通ったらザルなどに取り水気を切る。長ねぎは斜め切りにし、ぎょうじゃにんにくは刻む。
2. 鍋に水とこんぶを入れて中火にかけ、こんぶが柔らかくなったら取り出して、少し冷ましてから食べやすい大きさに切って鍋に戻す。
3. 2に白子、生のふのりと長ねぎを入れ、火が通ったら塩で味を調える。
4. ぎょうじゃにんにくを加えてひと煮立ちさせた後、火を止め器に盛る。

にしんの白子とふきのとう汁

にしんの白子汁を器に盛り、刻んだふきのとうを散らす。

※ふきのとうは黒ずみやすいので、器に散らす直前に刻むこと。

かじか汁

　かじか1尾を丸ごと使います。1尾が手に入らない時は、市販のぶつ切りのパックで代用します。ここでは頭部を切らずに使いましたが、頭部を縦に半分に切り、だしを出やすくする作り方もあります。

　昔は、家族で食べる部位が決まっていました。頭部は長老や大切な客人、胸部は長老の妻、腹部は長老の息子、尾と小腸などの内臓は息子の嫁が食べました。

● **材料**（4人前）

かじか……………1尾
水………………1ℓ
こんぶ…………20 cm
塩………………少々

頭（下）から尾（上）まで並べたようす。

● **作り方**

1　かじかは水でこすり洗いし、頭を落とし、腹を裂いて内臓を出す。内臓は腑分けして部位ごとに切り分け、汚れを包丁でしごき出し、水に漬けて血抜きする（水に漬けることで臭み、取り残しの汚物もとれる）。えらの辺りから頭を落とし、胴体から尾までは三等分くらいになるように、ぶつ切りにする。

2　鍋に水とかじかのぶつ切り、かじかの内臓、水洗いしたこんぶをそのまま入れて中火にかける。こんぶは柔らかくなったら取り出し、少し冷ましてから食べやすいように細切りにして鍋に戻す。

3　かじかに火が通ったら、塩で味を調える。火を止める。

4　器に刻んだこんぶを厚めに敷き、その上にかじかのそれぞれの部位を盛りつけて配る。

汁物（オハウ）

さけ汁

● 材料 (4人前)

さけ	半身
にんじん	1/2本
だいこん	10 cm
じゃがいも	3個
ごぼう	1/2本
きゃべつ	1/8個
水	1ℓ
こんぶ	10 cm
塩	少々
長ねぎ	1/2本

● 作り方

1. さけは食べやすい大きさ、形に切り分ける。にんじん、だいこんは乱切り（または半月切り、いちょう切りなどお好みの形）にする。じゃがいもは食べやすい大きさ、形に切る。ごぼうはささがきや乱切りにする。きゃべつは食べやすい大きさに切り、芯は薄切りにする。

2. 鍋に水、水洗いしたこんぶ、にんじん、だいこん、じゃがいも、ごぼうを入れて中火にかける。こんぶは柔らかくなったら取り出し、少し冷ましてから食べやすい大きさに切って鍋に戻す。野菜に火が通ったら、さけときゃべつ加えて煮る。

3. さけに火が通ったら、塩で味を調え、斜め切りした長ねぎを入れ、火を止めて器に盛る。

銀杏草汁

● 材料 (4人前)

銀杏草(乾燥)	15 g
にんじん	1/2本
だいこん	10 cm
じゃがいも	3個
ごぼう	1/2本
水	1ℓ
みそ	30 g

● 作り方

1. 銀杏草は水で戻し、食べやすい大きさに切る。にんじん、だいこんは乱切り（あるいは半月切り、いちょう切りなどお好みの形）にする。じゃがいもは一口大に切り、ごぼうはささがきや乱切りにする。

2. 鍋に水とにんじん、だいこん、じゃがいも、ごぼうを入れて中火にかける。

3. 野菜に火が通ったら、みそを溶かし入れる。

4. 銀杏草を鍋に散らし入れ、銀杏草の色が赤から緑色に変わったら早速に火を止め、余熱で柔らかくする。

5. 温かいうちに器に盛る。

こんぶ汁

● 材料 (4人前)

身の薄いこんぶ	15 g
(ホソメコンブなどの早く煮える柔らかいこんぶ)	
にんじん	1/2 本
だいこん	10 cm
じゃがいも	3 個
ごぼう	1/2 本
水	1 ℓ
みそ	30 g

● 作り方

1 こんぶは水に浸して柔らかくし、水洗いし砂やゴミを落とし、食べやすい大きさに切る。にんじん、だいこんは乱切り(または半月切り、いちょう切りなどお好みの形)にする。じゃがいもは一口大に切り、ごぼうはささがきや乱切りにする。

2 鍋に水とこんぶ、にんじん、だいこん、じゃがいも、ごぼうを入れて中火にかける。

3 野菜とこんぶが柔らかくなったら火を止めて、みそを溶かし入れ、器に盛る。

いわしつみれ汁

● 材料 (4人前)

いわし	5 本
にんじん	1/2 本
だいこん	10 cm
じゃがいも	3 個
ごぼう	1/2 本
ぎょうじゃにんにく	3 本
片栗粉	大さじ 1.5
水	1 ℓ
こんぶ	10 cm
塩	少々
あさつき	3、4 本

● 作り方

1 いわしは水で洗って、3枚におろし、先に頭、中骨と尾びれをまとめて包丁で細かくなるまでたたき切る。細かくなったら身を加えて滑らかになるまでたたく。たたいたいわしと片栗粉をボウルに入れて、よく練ってまとめ、つみれにする。
※粉を入れすぎてまとまりにくいときは、水を足して硬さを調節する。

2 にんじん、だいこんは食べやすい大きさに乱切り(または半月切り、いちょう切りなどお好みの形)にする。じゃがいもは食べやすい大きさ、形に切る。ごぼうはささがきや乱切りにする。

3 鍋に、水、こんぶ、2を入れて中火にかける。こんぶは柔らかくなったら取り出し、少し冷ましてから食べやすい大きさに切って鍋に戻す。野菜に火が通ったら、食べやすい大きさに丸めたつみれを鍋に散らし入れる。

4 つみれに火が通ったら、刻んだぎょうじゃにんにくを入れ、塩で味を調える。火を止め器に盛って、刻んだあさつきを散らす。

汁物(オハウ)

Columm：参考・いろいろな汁物

　北海道は、鳥や獣など野生動物の宝庫です。アイヌの人々は山に入り、いろいろな種類の野生動物を狩猟し利用してきました。
　現在、狩猟をするには各都道府県の狩猟者登録が必要です。獲ることが許可されている鳥・動物の種類や、狩猟ができる区域や期間、狩猟方法などが法律で定められています。また近年、野鳥や野生動物が媒介する感染症が問題となっている例もあり、食材として購入する際は、信用のできる業者に依頼することが重要です。
　最近は食材として、えぞしかの肉の利用が進んでいますが、ここではえぞたぬき、鳥、えぞしかの骨を使った汁物（オハウ）を参考として紹介します。

えぞたぬき汁

● 作り方

1　たぬきは皮をはぎ取り、内臓を抜き、肉を部位ごとに切り分け、きれいに洗う。

2　鍋に水とたぬきの肉を入れて弱火にかけ、長時間煮込む。たぬきは脂分が多く、匂いも強いので、煮込んでいる鍋に浮く脂のようすを見ながら、途中2回水替えをする。

3　3回目の煮汁は浮いた脂をすくい取り、野菜を加えて中火で煮る。野菜が煮あがったら味を調えて、器に盛る。

汁物（オハウ）

鳥のつみれ汁
（オオアカゲラ）

● 作り方

1. 小さな野鳥や小動物は皮をむき、内臓を抜き、肉を骨ごとたたいてつみれにする。
※ここではオオアカゲラを使っていますが、アカゲラの仲間は現在、狩猟が許可されていないので、入手は困難です。

2. 鍋にこんぶや野菜を入れて中火にかけ、野菜に火が通ったら、つみれを加える。

3. つみれに火が通ったら塩で味を調えて、火を止め、器に盛る。

えぞしか骨のお汁

※昔は、たたきにする小動物を除き、大型の鳥・獣を料理した時に残った骨は、骨のお汁を作るのに使いました。その後に食べ残った骨は、けっして生ごみとして捨てたりはせず、必ず全て集めて、聖なる場所に「送り場」を設けてそこに納め、儀式を行って供養していました。

● 作り方

1. 足骨のまわりにスジ肉が若干残った状態のものを使う。また、背骨やあばら骨を使うこともできる。

2. 鍋に水と骨を入れ、2日間くらい囲炉裏で弱火にかける。
※調理場でコンロを使って作る場合、夜通し煮続けるのは難しいので、交代で火を見張るか、途中で火を止めたりして煮ることになります。また、圧力鍋を使えば煮込む時間は大幅に短縮されます。作る量に合わせて、圧力鍋の説明書を参考に煮込みます。3の作業（脂取り）は圧力を加えず行います。

3. 煮込んでいる間、鍋の煮汁が透明になるまで、浮いた脂を繰り返しすくい取る。

4. 最後に塩で煮汁の味を調え、器に盛る。器には先をハケ状に削った細い木の棒を添える。骨の中の髄は、その棒を使って掻き出して食べる。

お粥（サヨ）

　お粥は、昔は主にひえが使われ、あわ、いなきび、後には米も使われました。鍋に穀物のほぼ倍の水を入れて、囲炉裏の火にかけ煮立て、水分がなくなってくるたびに差し水をし、しゃもじやへらで焦げないように混ぜながら、弱火でじっくり長時間かけて炊きあげました。

❶ まいたけ粥（p.19）
❷ ごぼう粥（p.19）
❸ あさり粥（p.20）
❹ すじこ粥（p.21）

お粥(サヨ)

● 材料（4人前）

米またはひえ ……………………………………………………………………… 1合
水 …………………………………………………………… 1200 ml（ひえの時は気持ち多めにする）

● 作り方

1　米（あるいはひえ）を研ぐ。

2　鍋に入れ、水を注ぎ入れる。

3　中火にかける。

4　途中、焦げつかないように、しゃもじで鍋底をやさしく混ぜる。

5　煮立ったら弱火にし、時間をかけて炊く。

6　好みの硬さになったら器に盛り、お好みの薬味を散らす。

※電気炊飯器や土鍋などの調理具を使用する場合は、各々の説明書の手順に従って炊いてください。
※精米技術の進歩により、特に抵抗がなければ米は水洗いのみで、研がなくてもかまいません。
　昔は具材には味付けせず、元の味を生かしていました。

ふきとわらびの粥

● **材料**（4人前）

米またはひえ ……………… 1合
水 ……………………… 1200 ml
（ひえの時は気持ち多めにする）
ふき（水煮）……………… 100 g
わらび（水煮）…………… 100 g

● 作り方

1　ふき、わらびの下ごしらえは p.67 を参照。お好みに合わせ、粥に入れる前に味付けをする。
※市販の水煮を使うこともできます。

2　柔らかくなった粥に、3 cm くらいの長さに切ったふきとわらびを加えて合わせる。

3　器に盛る。

ささのこ粥

● **材料**（4人前）

米またはひえ ……………… 1合
水 ……………………… 1200 ml
（ひえの時は気持ち多めにする）
ささのこ（水煮）………… 150 g
ぎょうじゃにんにく …… 適量

● 作り方

1　ささのこの下ごしらえは p.67 を参照。お好みに合わせ、粥に入れる前に味付けをする。
※市販の水煮を使うこともできます。

2　柔らかくなった粥に、斜め切りしたささのこを合わせる。

3　器に盛り、刻んだぎょうじゃにんにくを散らす。

まいたけ粥

● **材料** (4人前)

米またはひえ ……………… 1合
水 ………………………… 1200 ml
(ひえの時は気持ち多めにする)
まいたけ …………………… 半株
さやいんげん ……………… 2、3本
からしな …………………… 適量

● 作り方

1　柔らかくなった粥に小房に分けたまいたけと、斜め切りしたさやいんげんを加え、ひと煮立ちさせる。お好みに合わせ、具材は粥に入れる前に味付けする。

2　しゃもじでやさしく合わせ、器に盛り、刻んだからしなを散らす。

ごぼう粥

● **材料** (4人前)

米またはひえ ……………… 1合
水 ………………………… 1200 ml
(ひえの時は気持ち多めにする)
ごぼう ……………………… 1本
にんじん …………………… 1/4本
げんのしょうこ …………… 適量

● 作り方

1　ごぼうとにんじんは火が通りやすいように薄く、または千切り、みじん切りなどに細かく切り、米(あるいはひえ)と一緒に中火にかけて炊く。お好みに合わせ、具材は粥に入れる前に味付けする。

2　ごぼうとにんじんに火が通り、粥が柔らかくなったら器に盛り、げんのしょうこを散らす。

※げんのしょうこは日本中の山野や道端に見られる野草で、健胃・整腸作用があることから、江戸時代初め頃から下痢や便秘、食あたりの民間薬として使われていました。

お粥(サヨ)

エゾイガイ粥

● 材料 (4人前)

米またはひえ ……………… 1合
水 …………………………… 1200 ml
(ひえの時は気持ち多めにする)
エゾイガイ ………………… 150 g
ぎょうじゃにんにく …3、4本

● 作り方

エゾイガイはムール貝によく似た、北海道・東北に生息するイガイの仲間です。スーパーなどではムール貝として販売されているものもあります。

1　エゾイガイを軽く湯がいて殻から身を外し、食べやすい大きさに切る。

2　柔らかくなった粥に、エゾイガイを加える。
※エゾイガイは素材の味を生かすよう、味付けせずに加えます。

3　エゾイガイに火が通ったら、刻んだぎょうじゃにんにくを合わせて器に盛る。

あさり粥

● 材料 (4人前)

米またはひえ ……………… 1合
水 …………………………… 1200 ml
(ひえの時は気持ち多めにする)
あさり ……………………… 150 g
にんじん …………………… 1/4本
ぎょうじゃにんにく …… 適量

● 作り方

1　あさりは3%くらいの塩水(水 300 ml に塩 10 g くらい)に2時間ほどつけて、砂出ししておく。

2　にんじんは火が通りやすいように薄く、または千切り、みじん切りなどに細かく切り、米(またはひえ)と一緒に中火にかけて炊く。

3　柔らかくなった粥に砂出ししたあさりを加える。あさりの貝が開き、身に火が通ったら器に盛り、刻んだぎょうじゃにんにくを散らす。
※アサリは素材の味を生かすよう、味付けせずに加えます。

すじこ粥

● 材料 (4人前)

米またはひえ……………… 1合
水…………………………1200 ml
（ひえの時は気持ち多めにする）
すじこ……………………… 約20 g

● 作り方

すじこを炊きあがった粥に散らし、器に盛る。

※すじこをばらすには、塩水の中でほぐしたり、箸やふるいのような金網を使うなどの方法があります。ばらしたすじこは、塩水や醤油などでお好みの味付けをします。

ふのり粥

● 材料 (4人前)

米またはひえ……………… 1合
水…………………………1200 ml
（ひえの時は気持ち多めにする）
ふのり……………………… 20 g
ぎょうじゃにんにく…3、4本

● 作り方

1　柔らかくなった粥に、ふのりと3cmくらいの長さに切ったぎょうじゃにんにくを加えて合わせる。味付けはせず、ぎょうじゃにんにくの素材の味を生かします。

2　器に盛る。

ご飯（サタマム）

囲炉裏やたき火の火でご飯を炊いていた頃は、
鍋を使うのが一般的でした。
水の目安は、米（白米）の量の約1.2倍。
米3合（4人前）の場合、水は650mL。

● 作り方

1　米は研いだ後、水と一緒に鍋に入れ、フタをして（ぴったり閉まるものが望ましい）、強めの火にかける。

2　沸騰した後、泡が盛んに出てきたら（目安は沸騰後1〜2分）、吹きこぼれないように火を弱め、10分ほど炊く（水分がなくなれば炊きあがり）。

3　火から下ろし、フタをしたまま10分くらい置いて蒸らす。

4　しゃもじで軽く混ぜて炊きムラをなくしてから、器に盛る。

※現在は、ご飯を炊くのに電気やガスの炊飯器を使用するのが一般的。電気炊飯器を使用する場合、あるいは釜、文化鍋や土鍋、圧力鍋などの調理具を使用する場合は、各々の説明書の手順に従って炊いてください。釜や土鍋を使用する場合は炊きムラを防ぐため、火にかけ始めの時、1〜2分は弱火にします。

※精米技術の進歩により、特に抵抗がなければ米は水洗いのみで、研がなくてもかまいません。水洗いの際は、まず2〜3回さっとかき混ぜる程度で水を捨てます。次からは10回程度かき混ぜて水を捨てます（水の濁りが少なくなるまで2〜3回繰り返す）。火にかける前に米を30分以上浸水し、30％程度の水を吸わせるとおいしく炊けるとも言われています。

ご飯（サタマム）

いなきびご飯

● **材料** (4人前)

米 ……………………………… 3合
いなきび(もちきび) ………… 1.5合
水 …………………………… 650 ml

　いなきびと米を合わせて炊きますが、水の分量は米の分量に合わせます。いなきびは、「もちきび」という商品名でも販売されています。

● **作り方**

1　水洗い、研いだ米と水を鍋に入れ、いなきびを加える。

2　フタをして(ぴったり閉まるものが望ましい)、強めの火にかける。

3　沸騰した後、泡が盛んに出てきたら(目安は沸騰後1～2分)、吹きこぼれないように火を弱め、10分ほど炊く(水分がなくなれば炊きあがり)。

4　火から下ろし、フタをしたまま10分くらい置いて蒸らす。

5　しゃもじで軽く混ぜて炊きムラをなくし、少ししてから器に盛る。

ひえご飯

● **材料**（4人前）

```
ひえ ························ 3 合
えぞしかの脂 ········· 30〜40 g
水 ························· 650 ml
```

　ひえの場合も、水の量、炊き方は米と同じです。乾燥した粒は米よりかなり小さいですが、水を吸い炊きあがると大きくなります。炊きあがった後に、えぞしかの脂を加えると、パサパサご飯がしっとりとし、脂の甘味が加わります。

● **作り方**

1. ひえは水洗い後、水と一緒に鍋に入れ、フタをして（ぴったり閉まるものが望ましい）、強めの火にかける。
2. 沸騰した後、泡が盛んに出てきたら（目安は沸騰後1〜2分）、吹きこぼれないように火を弱め、10分くらい炊く（水分がなくなれば炊きあがり）。
3. 火から下ろし、フタをしたまま10分くらい置いて蒸らす。
4. えぞしかの脂を入れ、しゃもじで軽く混ぜて炊きムラをなくし、少ししてから器に盛る。

ご飯（サタマム）

混ぜご飯

混ぜご飯は、米やひえを炊いたご飯に、具材を合わせて作ります。火を通さなければならない具材は、先にゆでたり煮たりしておきます。

※お好みに合わせ、ご飯に合わせる前に、具材に味付けします。昔は特に味付けはしませんでした。味付けは具材の持つ味を生かすように、お好みで食べる直前に脂を加えるくらいでした。
※野菜や山菜は採りたての旬のものを使うのが理想ですが、代わりに市販の水煮などを使用することもできます。
※具材の切り方は一例です。具材の状態に合わせ、食べやすくご飯に合わせやすい大きさや形に切ってください。
※ひえの場合も、水の量、炊き方は米と同じです。

❶ ぎょうじゃにんにく (p.33を参照)

❷ ふき

● 材料（4人前）

米 ……………………… 3合
水 ……………………… 650 ml
ふき（水煮）… 4、5本（200 g）

● 作り方

1 ふきの下ごしらえは p.67 を参照。
※市販の水煮を使うこともできます。

2 ふきを小口から 5 mm 幅くらいに切り、炊きあがったご飯に合わせて、少し蒸らしてから器に盛る。

❸ クレソン

● 材料 (4人前)

米 ……………………………… 3合
水 ……………………………… 650 ml
クレソン ……………………… 1束(100 g)

❹ あさつき

● 材料 (4人前)

米 ……………………………… 3合
水 ……………………………… 650 ml
あさつき ……………………… 10本(100 g)

❺ にりんそう

● 材料 (4人前)

米 ……………………………… 3合
水 ……………………………… 650 ml
にりんそう …………………… 1束(100 g)

❻ せり

● 材料 (4人前)

米 ……………………………… 3合
水 ……………………………… 650 ml
せり …………………………… 1束(100 g)

● 作り方

1 根元をそろえて輪ゴムでとめる。ゆでる時も刻むときも容易になる。

2 鍋に湯を沸かし、山菜をゆで、30秒ほどで引き上げて冷水にひたす。

3 水気を絞って、小口から5mm幅くらいに刻み、炊きあがったご飯に合わせて、少し蒸らしてから器に盛る。

❼ ごぼう

● 材料 (4人前)

米 ……………………… 3合
水 ……………………… 650 ml
ごぼう ………… 1/2本(100 g)

● 作り方

1 土つきごぼうは、包丁の刃を直角に当て、左から右へ刃を滑らせて皮をこそげ取る。

2 細切り、薄めの斜め切り、ささがきなど、食べやすい大きさに処理する。ごぼうの変色を避けるため、水中につけ合わせてアク抜きする。
※古いごぼうは黒ずんでいる場合がある。皮を取って処理したものに酢を加え、酢水に漬けると黒ずみやアクが消えて白く仕上がる。

3 鍋に湯を沸かし、ごぼうを柔らかくなるまでゆでる。

4 ごぼうを湯からザルなどにあげて水気を切り粗熱を取る。炊きあがったご飯に合わせて、少し蒸らしてから器に盛る。

❽ ささのこ

● 材料 (4人前)

米 ……………………… 3合
水 ……………………… 650 ml
ささのこ ……………… 5、6本

● 作り方

1 ささのこの下ごしらえはp.67を参照。
※市販の水煮を使うこともできます。

2 ささのこを食べやすい大きさに斜め切りし、炊きあがったご飯に合わせて、少し蒸らしてから器に盛る。

ほたて・さけの混ぜご飯

上 ほたての混ぜご飯

材料（4人前）

米	3合
水	650 ml
ほたて	4個 (150 g)
木の芽	適量

作り方

1. 鍋に湯を沸かす。（650 mlより気持ち多い量で）
2. 沸騰したらほたての身を入れ、軽く火が通ったら鍋からすくい、まな板の上に広げて熱を冷まし、包丁で食べやすい大きさに切り分ける。
3. ほたてのゆで汁の上澄みを米に入れ合わせて炊きあげる。
4. ご飯が炊きあがったら、ほたてを加えて、軽く混ぜ合わせてムラをなくし、少し蒸らす。
5. 器に盛りつけ、木の芽を飾る。

下 さけの混ぜご飯

材料（4人前）

米	3合
水	650 ml
さけ	2切れ
木の芽	適量

作り方

1. さけは焼いて、身を食べやすい大きさにほぐしておく。（蒸しさけ、ゆでさけを使うこともできます）
2. ほぐしたさけを炊きあがったご飯に加えて、軽く混ぜ合わせてムラをなくし、少し蒸らす。
3. 器に盛り木の芽を飾る。

えんどう豆の混ぜご飯

材料（4人前）

米	3合
水	650 ml
えんどう豆	150 g

作り方

1. えんどう豆は洗って約5分ゆでて、水気を切る。
2. えんどう豆をつぶさないように炊きあがったご飯に加え、軽く混ぜ合わせてムラをなくし、少し蒸らして器に盛る。

※えんどう豆は、お好みに合わせ、ご飯に合わせる前に味付けします。えんどう豆は市販の塩ゆで品などで代用することもできます。

すじこの混ぜご飯

● 材料（4人前）

米	3合
水	650 ml
すじこ	30 g
木の芽	適量

● 作り方

すじこは炊きあがったご飯に加えて、軽く混ぜ合わせた後、手早く器に盛り、木の芽を飾る。

※すじこをばらすには、塩水の中でほぐしたり、箸やふるいのような金網を使うなどの方法があります。ばらしたすじこは、塩水や醤油などでお好みの味付けをします。

はまなすの混ぜご飯

● 材料（4人前）

米	3合
水	650 ml
はまなすの実	10個
さつまいも	1本

※昔はさつまいもではなく、豆や、デンプンを含んだ球根を使っていました。

● 作り方

1. さつまいもを細かく刻んで、米に入れて一緒に炊く。
2. はまなすの実は、ご飯に混ぜ合わせやすいよう、半割を4等分に刻む。
3. ご飯が炊きあがったら、刻んだはまなすの実を入れて、軽く混ぜ合わせてムラをなくし、少し蒸らしてから器に盛る。

炊き込みご飯

ご飯（サタマム）

スクスクの炊き込みご飯

● 材料 (4人前)

米	3合
水	650 ml
スクスク	45 g
ふきのとう	適量

● 作り方

1. 米にスクスクを加えて、一緒に炊く。
2. 炊きあがったら軽く混ぜ合わせてムラをなくし、少し蒸らしてから器に盛り、刻んだふきのとうを散らす。

※スクスクは春先に収穫するシダ植物の胞子（p.125 を参照）。スクスクは市販されていないので、詳しい人と一緒に採りに行くか、譲ってもらうしか入手方法はありません。
※スクスクは特に強い味はなく、「目で楽しむ食材」です。

まいたけの炊き込みご飯

● 材料 (4人前)

米	3合
水	650 ml
まいたけ	1株(100 g)
にんじん	1/4 本
木の芽	適量

● 作り方

1. まいたけは小房に分け、にんじんは火が通りやすいようにみじん切りなどに細かく刻む。
2. 米に、まいたけとにんじんを加えて、一緒に炊く。
3. 炊きあがったら軽く混ぜ合わせてムラをなくし、少し蒸らしてから器に盛り、木の芽を飾る。

※まいたけは、お好みに合わせ、ご飯に混ぜる前に味付けします。

ぎょうじゃにんにくご飯

炊き込みご飯には乾燥保存したぎょうじゃにんにくを、
混ぜご飯には生のぎょうじゃにんにくを使います。

左 炊き込みご飯

材料 (4人前)

- 米 ……………………… 3合
- 水 ……………………… 650 ml
- 乾燥したぎょうじゃにんにく … 10 g
- にんじん ……………… 1/4本
- ぎょうじゃにんにく(生) ……………………… 適量

作り方

1. 乾燥したぎょうじゃにんにくは水に入れてもどす。もどし汁はご飯を炊くのに使う。
2. にんじんは火が通りやすいようにみじん切りなどに細かく刻む。
3. 米に、水をたっぷり吸ってふやけたぎょうじゃにんにくと、刻んだにんじんを加えて、一緒に炊く。
4. 炊きあがったら軽く混ぜ合わせてムラをなくし、少し蒸らしてから器に盛り、刻んだ生のぎょうじゃにんにくを散らす。

下 混ぜご飯

材料 (4人前)

- 米 ……………………… 3合
- 水 ……………………… 650 ml
- ぎょうじゃにんにく ……………………… 5、6本

作り方

生のぎょうじゃにんにくを食べやすい大きさに刻み、炊きあがったご飯に加えて、軽く混ぜ合わせてムラをなくし、少し蒸らしてから器に盛る。

ご飯(サタマム)

たたき（チタタプ）

新鮮な魚を丸ごと楽しむ豪快な料理。
魚をたたくのは「男の仕事」です。

にしんのたたき

● 材料

にしん……………………2尾
ぎょうじゃにんにく
　………………………5、6本
塩…………………………少々
あさつき………………… 適量

● 作り方

1　包丁でうろこを外し、きれいに洗う。
2　頭を落とし、腹を裂いて内臓を取り出す。
3　身は2枚か3枚におろし、血や内臓の残りをきれいに洗い落とす。
4　頭はあごを切り離す。中骨はたたきやすい大きさに切る。
5　えらは、手のひらで繰り返し握り、血やぬめりを水で洗い流し、水を張った器に数時間漬けて臭いを取り、血抜きする。
6　頭、中骨、あご、えらの水気をザルで落とす、あるいはふき取る。これらの部位を細かく滑らかになるまで、ナタや包丁でたたく。
※他の料理に使わない場合は、身や白子も合わせて、さらに一緒にたたく。

7　ぎょうじゃにんにくを加え、滑らかになるまでたたき、塩を少々加えて味を調える。
8　小骨を感じないくらい細かくたたいた後、器に盛り、刻んだあさつきを散らす。

さけのたたき

●材料

さけの頭、えら、中骨、ひれ
　……………………… 2尾分
白子 ……………………… 1腹
こんぶ（焼いたもの）……… 20cm
※こんぶは火に当てて表面を焼き、細かく砕いておく。
長ねぎ …………………… 1本
塩 ………………………… 少々

●作り方

1　頭から歯の部分とえらの硬いところを取り除ききれいに洗う。眼球をつぶさないようにくり抜く。

2　えらは、手のひらで繰り返し握り、血やぬめりを水で洗い落とす。

3　頭の軟骨とえら、中骨、ひれなどをナタで細かくたたく。

4　全体が細かくなったら、白子を加え、さらに細かくたたく。

5　砕いたこんぶと刻んだねぎを加え、さらにたたき込む。

6　小骨を感じないくらい細かくたたいた後、塩を加えて味を調え、器に盛り付ける。

※眼球（目玉）は通常、一緒にたたくことはなく、おやつとしてそのまま食べていました。
※昔は内臓も一緒にたたいていました。現在は、白子以外の内臓をたたきに入れることはあまりありません。

包丁やナタは両手に持って、材料をたたいては、集めるを繰り返す。

刺身（フィペ・ルイペ）

刺身は塩水で食べるのがアイヌ流。
北海道の郷土料理で知られる
"ルイベ"もアイヌの味です。

刺身（フィペ・ルイペ）

　昔は刺身のつけ汁に塩水や海水を使っていました。薬味には、アイヌわさび、クレソン、やまぶどうの若葉・ひげづるなどを添えていました。

　ルイペは魚の身を凍らせた刺身。現在は通常「ルイベ」と呼ばれています。昔は、冬の間は魚を屋外にぶら下げ、自然の寒気を利用して凍らせました。ルイペはそのまま薄身に削り切る。あるいはかつおのたたきのように、全体の表面を火で軽く炙ってから切って盛り付けます。ルイペも昔は塩水につけて食べていました。

【注意】
　最近、寄生虫のアニサキス幼虫による食中毒が問題になっています。アニサキスは目視で確認でき、冷凍することで死滅させることができますので、刺身用として市販されている切り身は安心して使えます。
　丸ごと1尾購入したり、自身で釣った魚を調理したりする場合は、できるだけ新鮮なものを選び、速やかに内臓を取り出してください。アニサキス幼虫は通常、内臓に寄生します。また、身はしっかりと目視で確認して、アニサキス幼虫を見つけたら除去してください。

たらのフィペ

● **材料**（1人前）

　たら……………………………………100 g
　塩水……………………………………適量

かわがれい・ひらめのフィペ

● 材料（1人前）
かわがれい……………………100g
ひらめ…………………………100g

にしんのフィペ

● 材料（1人前）
にしん…………………………100g

わかさぎのフィペ

● 材料（1人前）
わかさぎ………………………100g

ほっきのフィペ

● 材料（1人前）
ほっき……………………1個

● 作り方
1 殻から外して砂や膜、ぬめりを取る。
2 身を真ん中から開き、中のウロを押し出して汚れを洗い、食べやすい大きさ、厚さに切って皿に盛りつける。

あわびのフィペ

● 材料（1人前）
あわび……………………1個

● 作り方
1 殻と身の間に包丁やナイフを入れ、貝柱を切り、殻から身を外す。
2 くちばし（赤色の硬い部分）やウロを落として、食べやすい大きさ、厚さに切って皿に盛りつける。

刺身（フィペ・ルイペ）

ほっけのルイペ

● 材料（1人前）
ほっけ ……………………………………… 半身

くじらのルイペ

● 材料（1人前）
くじら ……………………………………… 100g

刺身(フィペ・ルイペ)

えぞしか心臓のフィペ

● 材料

えぞしかの心臓 … お好みの分量
※写真はえぞしかの心臓1個を4つに割ったものを使っています。少人数用に作る場合は、適量の肉を使ってください。

ぎょうじゃにんにく ………… 適量

● 作り方

1 心臓の肉を薄切りする。

2 お好みで、しょうゆなどで味付けする。
※昔は、陸獣の肉や内臓には味付けをしませんでした（血液など動物の持つ塩分が味となります）。

3 刻んだぎょうじゃにんにくを和えて、器に盛りつける。

※陸獣動物の刺身には、肝臓、心臓、腎臓、膵臓、横隔膜など、主に内臓が使われました。

和えもの（ラタシケプ）

　ラタシケプはポチポチ、チポエプとも呼ばれます。元々は干したとうもろこしを水で戻して使いました。現在は入手困難なので、缶詰のスイートコーンで代用することが多いですが、干したとうもろこしと比べ風味が落ちます。
　昔、とうもろこしが作られていなかった頃のラタシケプは、金時やデンプンを含んだ球根を使っていました。栽培種が増えると、異なる豆（とらまめ、大豆、小豆、えんどう）を煮合わせて作っていました。おおうばゆりや、えぞえんごさくのデンプンなども使いました。また、現在は主にかぼちゃがベースに使われており、さつまいもやじゃがいもも混ぜて使われています。

とうもろこしの合わせ煮

● 材料（4人前）

干したとうもろこし…粒をばらした時、約1合
金時豆……………………………………… 0.5合
切りもち……………………………………… 適量
上新粉……………………………………… 0.2～1合
油（魚油やえぞしかの脂）………………… 18 ml
塩、砂糖　適量…………………………… 適量

● 作り方

1 干したとうもろこしの粒を外してザルに取り、少し水をかけ、臼に移して1時間から1時間半くらいつくと外皮がむける。皮が取れた粒と水を鍋に入れて、粒が爆(は)ぜるまで煮る。
※干したとうもろこしがない場合は、缶詰のスイートコーンを代用して煮る。

2 金時豆は水でもどして別の鍋でゆでる。ゆで汁を数回取り換えて、豆のアクを取り除く。
※市販の煮豆で代用することもできます。

3 とうもろこしが爆ぜたら、豆を1の鍋に入れて、中火か強火で一緒に煮る。

4 とうもろこしや豆がほどよく柔らかくなったら、油を加える。

5 油がそれぞれの具材にしみる頃、切りもちを小さく切って加え、火を弱火にしながら焦げないようにゆっくりとヘラを使い練るように炊いていく。

6 全体にとろみがまわったら上新粉を加えて、さらにヘラで練り合わせる。

7 もち状になってきたら、塩や砂糖でお好みの味に調えて仕上げる。

8 器に盛りつける。

切りもち、上新粉を使う以前は、米を臼でついて、粉にして使っていました。箕（み）やふるいでより分け、粉状のものから入れて練っていき、粗い粒状のものを最後に入れて仕上げていました。また、味付けも昔は油の甘味だけでした。

和えもの（ラタシケプ）

和えもの（ラタシケプ）

じゃがいもとすじこのつぶし和え

● **材料**（4人前）

じゃがいも ……………… 8、9個
すじこ …………………… 30g
塩、砂糖 ………………… 適量

● **作り方**

1. じゃがいもの皮をむいてゆでる。煮上がったら煮汁を切り、すりこぎなどでつぶす。
※昔は洗ったじゃがいもを丸ごとゆでて使っていました。

2. ばらしたすじこを鍋に入れて中火にかけ、半煮えにして生臭さを取り除く。

3. 2に1を入れて合わせる。お好みで塩や砂糖で味を調える。

4. じゃがいもが熱いうちに早速に器に盛りつける。

じゃがいものつぶし加減は、粗めの塊、小粒の塊から、すっかりつぶしてマッシュポテト状するなど、作る人によって違いがあります。また、すじこは湯を上からかけるやり方もあります。すじこのつぶし加減も、粒が多く残る程度から、半分残し、液状にするなど、じゃがいも同様に作る人によって違います。

すじこをばらすには、塩水の中でほぐしたり、箸やふるいのような金網を使うなどの方法があります。

ごぼうのごま和え

● 材料 (4人前)

ごぼう……………………1本
塩…………………………適量
白ごま……………………大さじ2
※昔はごまではなく、おおばこやあかざの種を使用していました。
※おおばこの成熟種子は、「車前子（しゃぜんし）」という生薬で、鎮咳や下痢止め、利尿などに有効です（「第十七改正 日本薬局方」より）。
砂糖………………………大さじ1/2
しょうゆ…………………大さじ1

● 作り方

1 ごぼうは、味が浸み込みやすく、歯ざわりが感じられる程度の厚さ、大きさ、好みの形に切る。太ければ半割り、細ければぶつ切り、皮が硬い時は薄切りや千切りなど、ごぼうの状態に合った切り方をする。

2 鍋にごぼうと水を入れて、柔らかくなるまでゆでる。

3 半ずりにした白ごま、砂糖、しょうゆをお好みで合わせておく。

4 ゆでたごぼうをザルにあげて湯を切り、熱いうちに3と混ぜ合わせる。湯を切る時、煮汁が少し残っているくらいにしておくと、ごまなどがからみやすくなる。

5 少し時間をおいて味をなじませて、器に盛りつける。

和えもの（ラタシケプ）

ほっきの酢味噌和え

● 材料 (4人前)

ほっき……………………3枚
みそ………………………小さじ2
酢…………………………小さじ1
砂糖………………………適量
芽ねぎ…少々(他のねぎでもよい)

● 作り方

1 ほっきは殻を外して、手で押してウロを出す。水管の縁の黒い皮膜を取り、汚れをきれいに洗う。

2 お湯を沸かしほっきを入れて軽くゆでる。身が縮み鮮紅色に変わったらザルにあげて余熱を取る。

3 冷めたら、ほっきに包丁を入れて2枚に開き、食べやすい大きさに切る。貝柱やひもも同様に処理する。

4 ボウルでみそ、酢をよく合わせ、お好みで砂糖を加える。

5 4に3を入れて和え、器に盛り、芽ねぎを散らす。

たことぎょうじゃにんにくの塩酢和え

● 材料（4人前）

ゆでたこ ……………… 150g
※通常は足を使うが、頭でもかまわない。
ぎょうじゃにんにく… 5、6本
酢 …………………… 大さじ3
塩 …………………… 小さじ1/2

● 作り方

1 たこは食べやすい大きさ、厚さ、形に切る。薄切り、乱切り、いちょう切り、千切りなど、たこの大きさや食べる人に合わせて切りそろえる。

2 鍋に湯を沸かし、ぎょうじゃにんにくをさっとゆでる。

3 ぎょうじゃにんにくをザルにあげて、場合によっては水にひたし余熱が取れたら3cm程度の長さに切る。

4 ボウルに酢、塩を入れてよく混ぜる。

5 4に1と3を加えて合わせる。味がなじむまで置き、器に盛りつける。

たことこんぶ、きゅうりの和え物

● 材料（4人前）

ゆでたこ ……………… 100g
身の薄いこんぶ ……… 100g
※ホソメコンブや早煮コンブなど、早く火の通るものがよい。身の厚いだしこんぶは使わない。わかめを代用するのもよい。
にんじん ……………… 1/4本
きゅうり ……………… 1本
酢 …………………… 大さじ3
塩 …………………… 小さじ1/2

● 作り方

1 たこは食べやすい大きさ、形に切る。

2 こんぶは水にひたし、柔らかくなったら食べやすい大きさに切り、手早くゆでる。

3 にんじんときゅうりは薄切りや乱切り、千切りなどにする。

4 ボウルに酢、塩を加えてよく混ぜる。

5 4に1、2、3を加えて合わせる。

6 器に盛りつける。

和えもの（ラタシケプ）

サラダ

● 材料 （4人前）

　レタス……………………4、5枚
　もやし……………………1袋
　水菜………………………一把
　きゅうり…………………1本
　にんじん…………………1/2本
　カリンズ
　クワ　　　　　　　……お好みの量
　ブルーベリー
　リンゴ……………………1/2個
　やまぶどう………………適量

● 作り方

1　レタス、水菜、きゅうり、にんじんを好みの大きさ、形に切る。もやしは袋のまま平らに広げ、袋の上から縦横それぞれ3等分くらいに包丁で押し切る。切ったもやしは熱湯をかけて臭みを取り、広げて冷ましておく。

2　切った野菜と、もやしをボウルで合わせる。

3　リンゴをすりおろし、やまぶどうのしぼり汁を合わせてドレッシングをつくる。

4　2と3を合わせる。

5　カリンズ、クワ、ブルーベリーなどの果実を加えて合わせる。

※ドレッシングは、はまなす、こくわなど、季節季節の果実の果汁を使います。また、魚油を合わせて作る方法もあります。

※合わせる果実も、こけもも、ハスカップ、くわの実など、季節の果実を使います。

煮物（チスイェプ）

魚の塩煮

● 材料

　魚
　こんぶ……………………………… 15 cm
　水 ………………… 材料がひたるくらい
　長ねぎ ……………………………… 適量
　塩 …………………………………… 適量
　野菜の煮物（p.50を参照）………… 適量

● 作り方

1. 魚はうろこを取り、腹を裂いて内臓を取って、水で表面と腹中を洗う。大きい魚は1人前の大きさに切る。
2. 鍋にこんぶ、水、5 cmくらいの長さに切った長ねぎを入れ中火にかける。
3. 沸騰したら魚を入れる。
4. 落としぶたをし、ふきこぼれない程度に火を弱め、10分から15分くらい煮る。
5. 味を見ながら、塩を入れて味を調える。
6. 器に盛り、お好みで野菜の煮物を付け合わせる。

まがれい
　まがれい……………………………… 2尾
❶ ごぼう
❷ ふき
❸ たけのこ
❹ しいたけ
❺ **かながしら**
　かながしら…………………………… 2尾
　おにしもつけ
❻ **いわし**
　いわし………………………………… 3尾
　しいたけ、ささのこ
❼ **すながれい**
　すながれい…………………………… 2尾
　ふき
❽ **たなご**
　たなご………………………………… 2尾
　おにしもつけ、しいたけ
❾ **そい**
　そい…………………………………… 2尾
　ぎょうじゃにんにく、むきたけ
　※むきたけは煮る前に虫がいないか調べ、虫を取り除きます。柄を落とし傘だけを利用します。皮をむくかどうかはお好みで。

野菜の煮物

❶ おにしもつけの塩煮

❷ よぶすまそうの塩煮

❸ いたどりの塩煮

● 材料
　山菜……………………お好みの分量
　塩………………………………少々
　水…………………材料がひたるくらい

● 作り方

1　鍋に山菜と水を入れて煮る。火が通ったら、塩を加えて味を調える。

2　水につけて冷やし、皮があるものはむく。

3　食べやすい大きさに切り、器に盛る。

❹ ごぼうの塩煮

● 材料
- ごぼう……………1本
- こんぶ………5cm×1枚
- 塩……………………少々
- 水…ごぼうがひたるくらい

● 作り方
1. 土つきごぼうは、包丁の刃を直角に当て、左から右へ刃を滑らせて皮をこそげ取る。
2. 細切り、薄めの斜め切り、ささがきなど、食べやすい大きさに処理する。ごぼうの変色を避けるため、ボウルなどに張った水に漬けてアク抜きする。
   ※古いごぼうは黒ずんでいる場合がある。皮を取って処理したものに酢を加え、酢水に漬けると黒ずみやアクが消えて白くできる。
3. 鍋に水、ごぼうとこんぶを入れて煮る。火が通ったら、塩を加えて味を調える。
4. 火を止めてしばらく置いて、味を含ませる。
5. 器に盛りつける。お好みで、盛りつける前に温め直す。

❺-1 しいたけの塩煮

● 材料
- しいたけ…お好みの分量
- こんぶ………………5cm
- 塩……………………少々
- 水…しいたけがひたるくらい

● 作り方
1. 石づきや軸を切り放したしいたけを、食べやすい大きさ、形に切る。
2. 鍋にしいたけ、水、こんぶを入れて煮る。
3. 火が通ったら、塩を加えて味を調える。
4. 火を止めてしばらく置いて、味を含ませる。
5. 器に盛りつける。お好みで、盛りつける前に温め直す。

❺-2 ささのこの塩煮

● 材料
- ささのこ…5、6本(300g)
- こんぶ………………5cm
- 塩……………………少々
- 水…ささのこがひたるくらい

● 作り方
1. ささのこは食べやすい大きさに斜め切りする。
   ※ささのこの下ごしらえはp.67を参照。市販の水煮の使うこともできる。
2. 鍋にささのこ、水、こんぶを入れて煮る。
3. 火が通ったら、塩を加えて味を調える。
4. 火を止めてしばらく置いて、味を含ませる。
5. 器に盛りつける。お好みで、盛りつける前に温め直す。

❻ ささげの煮物

● 材料
- ささげ………………500g
- 水…ささげがひたるくらい
- 魚あるいはえぞしかの油……………………適量

● 作り方
1. ささげは食べやすい大きさ、形に切る。若く小さいささげはそのまま使う。
2. 鍋にささげと水を入れて煮る。
3. 火を止めて、器に盛りつける。
4. 小皿で油を添える。油にひたして食べると美味しい。
   ※油はお好みのものを使う。

煮物(チスイェプ)

煮物（チスイエプ）

左 かしらこんぶの塩煮

● 材料
かしらこんぶ……… 400 g
塩…………………… 少々
水……… かしらこんぶが
　　　　ひたるくらい

● 作り方
1　鍋にかしらこんぶと水を入れて煮る。
2　好みの柔らかさになったら、塩を加えて味を調える。
3　火を止めてしばらく置いて、味を含ませる。
4　器に盛りつける。お好みで、盛りつける前に温め直す。

中 ふきの塩煮

● 材料
ふき ………… 4、5本(200 g)
こんぶ………………… 5 cm
塩…………………… 少々
水…ふきがひたるくらい

● 作り方
1　ふきは一口大に切る。7～8月に収穫されて硬くなったものは、硬さに応じて薄く斜め切りにする。
※ふきの下ごしらえはp.67を参照。市販の水煮を使用することもできる。また、硬くなったふきは薄く切った後、油で炒めてから煮る方法もある。
2　鍋にふき、こんぶ、水を入れて煮る。
3　火が通ったら、塩を加えて味を調える。
3　火を止めてしばらく置いて、味を含ませる。
4　器に盛りつける。お好みで、盛りつける前に温め直す。

右 ぎょうじゃにんにくの塩煮

● 材料
ぎょうじゃにんにく
　……………… お好みの分量
こんぶ………………… 5 cm
塩…………………… 少々
水…ぎょうじゃにんにく
　　がひたるくらい

● 作り方
1　鍋にぎょうじゃにんにく、水、こんぶを入れて煮る。
2　火が通ったら、塩を加えて味を調える。
3　火を止めてしばらく置いて、味を含ませる。
4　器に盛りつける。お好みで、盛りつける前に温め直す。

真つぶの煮物

● 材料
　真つぶ………………………4、5個
　水………真つぶがひたるくらい

● 作り方
1　鍋に真つぶと水を入れて、中火にかける。
2　煮立ったら中火から弱火にし、10分煮る。
3　火を止め、水に取って粗熱を取る。
4　先のとがったもの(串など)で真つぶの身を刺して、回しながら少しづつ身を引っ張り殻から外す。先のウロの部分は切り離す。
5　膜状の部分の内側に付いているアブラ(唾液腺)を指や串を使って取り除く。
6　そのまま、あるいは薄切りにして、器に盛りつける。

あわびの煮物

● 材料
　あわび……………………人数分
　水………あわびがひたるくらい

● 作り方
1　鍋にあわびと水を入れて、中火にかける。
2　煮立ったら弱火にして1分煮る。
3　火を止め、水に取って粗熱を取る。
4　殻と身の間に包丁を入れて貝柱を切り、殻を外してウロを取る。
5　硬い口の部分を取り除き、食べやすい大きさに切る。
6　器(貝殻などを使うと楽しい)に盛りつける。

煮物(チスイエプ)

煮物(チスイェブ)

すけとうだらとこんぶの煮物

● 材料

干したら(すけとうだら)………2尾
こんぶ………………5cm×6枚
水………すけとうだらとこんぶ
　　　　　がひたるくらい
塩………………………………少々
お好みでしょうゆや砂糖、油

● 作り方

1 干したらは水で包丁で切れるくらいの硬さになるまでもどし、2、3cm幅くらいに切る。こんぶも水でもどす。

2 鍋に干したら、水洗いしたこんぶ、水を入れて中火にかける。

3 こんぶが柔らかくなったら、一旦取り出して、少し冷まして細切りして鍋に戻す。

4 たらが煮えたら、塩を加えて味付けする。味付けは、お好みでしょうゆや砂糖を使ってもよい。油を入れる方法もある。

5 火を止めてしばらく置いて味をなじませ、器に盛りつける。

えぞしかの紅茶煮

煮物（チスイェプ）

● 材料

えぞしか(もも肉) ……………… 500g
紅茶パック ………………………… 1袋
水 ………………… 肉がひたるくらい
しょうゆ ………………… 1/2カップ
酒 …………………………… 1/4カップ
みりん ……………………… 1/4カップ
酢 …………………………… 1/4カップ
ぎょうじゃにんにく ………… 適量

● 作り方

1 鍋にえぞしか肉と紅茶パック、水を入れて沸騰するまで強火で煮る。

2 沸騰したら浮いてきたアクを取り、中火や弱火にして30分から40分くらい煮る。

3 煮込みながら、しょうゆ、酒、みりん、酢を合わせ、味を調える。

4 肉に味が浸み込み煮詰まったら火を止め、紅茶パックを取り出す。

5 肉の余熱が取れたら、食べやすい大きさ、形に切って、器に盛りつける。刻んだぎょうじゃにんにくを散らす。

焼き物
（チマイペ・チマエプ）

【焼き魚】

昔のアイヌの家の中央には必ず囲炉裏があり、魚は串を打ち、
炉火に立てかけて、遠火でじっくりと焼いていました。
今では囲炉裏のある家も少なくなり、
調理場の魚焼き器やグリルで魚を焼く家庭がほとんどです。
内臓（主に腸）は通常取り除きますが、食べられる場合は残します。
ただし、しっかり火を通してください。

❶ます

● 材料
さくらます……………1尾

● 作り方
1 水で洗ってうろこと内臓を取る。
2 水気をふき取り、口から尾に向かって串を打つ。
3 炉火に立てかけ、遠火で焼く。
4 皿などの器に盛りつける。

❷ たなご

● 材料
　たなご……………2尾

● 作り方
1　水で洗い、水気をふき取る。
2　水気をふき取り、口から尾に向かって串を打つ。
3　炉火に立てかけ、遠火で焼く。
4　皿などの器に盛りつける。

❸ すながれい

● 材料
　すながれい…………2尾

● 作り方
1　水で洗ってうろこと頭と内臓を取る。
2　水気をふき取り、頭側から尾に向かって串を打つ。
3　炉火に立てかけ、遠火で焼く。
4　皿などの器に盛りつける。

❹ にしん

● 材料
　にしん………………2尾

● 作り方
1　水で洗ってうろこと内臓を取る。
　※子持ちのものは腹を裂かない(内臓を無理に取らない)。
2　口から尾に向かって串を打つ。
3　炉火に立てかけ、遠火で焼く。
4　皿などの器に盛りつける。

❺ かわがれい

● 材料
　かわがれい……………1尾

● 作り方
1　水で洗ってうろこと頭と内臓を取る。
2　水気をふき取り、頭側から尾に向かって串を打つ。
3　炉火に立てかけ、遠火で焼く。
4　皿などの器に盛りつける。

❻ かながしら

● 材料
　かながしら……………1尾

● 作り方
1　水で洗ってうろこと頭、内臓を取る。
2　水気をふき取り、頭側から尾に向かって串を打つ。
3　炉火に立てかけ、遠火で焼く。
4　皿などの器に盛りつける。

❼ そい

● 材料
　そい…………………1尾

● 作り方
1　水で洗ってうろこと内臓を取る。
2　水気をふき取り、口から尾に向かって串を打つ。
3　炉火に立てかけ、遠火で焼く。
4　皿などの器に盛りつける。

❽ いわし

● 材料
　いわし………………2尾

● 作り方
1　水で洗い、頭を取る。
2　水気をふき取り、頭側から尾に向かって串を打つ。
3　炉火に立てかけ、遠火で焼く。
4　皿などの器に盛りつける。

焼き物（チマイペ・チマエプ）

焼き物（チマイペ・チマエプ）

わかさぎ

● 材料
　わかさぎ‥‥‥‥‥‥12尾くらい

● 作り方
1　腹側から背側に串を2本打ち、同じ串に6尾くらい束ねる。串の打つ位置は頭から尾まで大体等間隔。
2　炉火に立てかけ、遠火で焼く。
3　皿などの器に盛りつける。

ししゃも

● 材料
　ししゃも‥‥‥‥‥‥6尾くらい

● 作り方
1　腹側から背側に串を2本打ち、同じ串に6尾くらい束ねる。串の打つ位置は頭から尾まで大体等間隔。
2　炉火に立てかけ、遠火で焼く。
3　皿などの器に盛りつける。

ます（切り身）

● 材料
　ますの切り身……………2枚

● 作り方
1　水気をふき取り串を打つ。
2　炉火に立てかけ、遠火で焼く。
※小さい魚や切り身を複数同時に焼く時は、細木（萩や桑、柳など）を2つに割った又状の串に刺し通して、一度に炉火に立てかける。
3　皿などの器に盛りつける。

なめたがれい

● 材料
　なめたがれい……………1尾

● 作り方
1　水で洗い、頭を落とし、腹を裂いて内臓を取る。
2　水気を切り、頭側から尾に向かって、身の半分くらいのところまで串を打つ。
3　炉火に立てかけ、遠火で焼く。
4　皿などの器に盛りつける。

焼き物（チマイペ・チマエプ）

焼き肉
えぞしか

材料
えぞしか(もも肉)............100g
ししとう......................3本
食用油..........................適量

作り方
1 鍋に油を入れて熱し、肉を焼く。
2 火が通ったら肉を取り出し、鍋に残った油でししとうを焼く。
3 肉を器に盛り、ししとうを添える。

※フライパンや鉄板がなかった頃、肉は鍋で焼いたり、串を打って炉火に立てかけて焼き、野外での狩猟時には、焼けた石の上に乗せて焼くこともありました。

えぞしかの心臓と横隔膜

材料
えぞしかの心臓............100g
えぞしかの横隔膜..........100g
ぎょうじゃにんにく......適量
食用油..........................適量

作り方
1 鍋に油を入れて熱し、肉を焼く。
2 火が通ったら肉を取り出し、鍋に残った油でぎょうじゃにんにくを焼く。
3 肉を器に盛り、ぎょうじゃにんにくを添える。

Columm：えぞしか料理は、まだまだある

　えぞしかは、現在個体数が増加傾向にあり、食材としての利用が奨励されています。アイヌ料理では昔から、えぞしかを煮たり焼いたり、炒めたりして利用していました。また干し肉にして保存していました（p.110を参照）。魚や肉がたくさん獲れる時期には、囲炉裏に吊り下げるだけでなく、燻製専門の小屋も利用していました。ここでは燻製器を使ってスモークを作る方法を紹介します。

えぞしかもも肉のスモーク

● 材料

- えぞしか(もも肉) …… 600g
- 塩 …………………… 25g
- 砂糖 ………………… 12g
- スモークチップ …… 40g
- スモークウッド …… 1/4本

● 作り方

1. えぞしか肉に塩と砂糖をよく擦り込み、2日ほど冷蔵庫で寝かせる。
2. 冷蔵庫から取り出した肉を流水で洗い、水を張ったボウルで2時間以上塩抜きをする。肉の端を少し切って焼いて食べてみて塩加減を確認し、好みの塩加減になったらボウルから取り出す。
3. 塩抜きした肉の水分をよく拭き取って皿に乗せ、そのまま冷蔵庫で2日間乾燥させる。
4. 燻製器を用意し、肉をS字フック等に掛けて吊るす。スモークチップに火をつけて約1時間燻す。
   ※スモークチップは約6gで10分発煙（熱燻）する。
5. 途中からスモークウッドを入れ、さらに1時間燻す。
   ※スモークウッドは1本で約4時間発煙（温燻）する。スモークチップやスモークウッドの火が消えないように注意する。
6. 燻し終えたら、粗熱を取り、ラップにくるみ、ひと晩冷蔵庫で熟成させる。
   ※燻製器から出したとき、中まで火が十分通っていなかったら、グリルでローストして火を通す。
7. 好みの厚さに切り分け、皿に盛り付ける。

焼き物（チマイペ・チマエプ）

炒め物（チレプ・スムコチレプ）

【山菜の油炒め】

上 ぎょうじゃにんにく

● 材料
ぎょうじゃにんにく
　……………………1把
食用油………………適量
しょうゆ……………適量

中 あさつきとはんごんそう

● 材料
あさつき……………1把
はんごんそう………1把
食用油………………適量
塩、しょうゆなど…適量

下 いたどりの若芽

● 材料
いたどりの若芽
　………………… 3、4本
食用油………………適量
塩、しょうゆなど…適量

● 作り方

1　材料は軽く水洗いして水を切り、長いものは食べやすい長さに切りそろえる。
※ぎょうじゃにんにくは切らずにそのまま使う。

2　鍋に油を入れ強火で熱し、1を入れ炒める。

3　油がまわってしんなりしたら、お好みで塩やしょうゆを加えて味付けする。

4　器に盛りつける。

【肉の油炒め】

左 えぞしかの心臓

● 材料
えぞしかの心臓……100g
にりんそう……………1把
食用油…………………適量
塩………………………適量

● 作り方
1 えぞしかの心臓は食べやすい大きさ、形に切る。
2 鍋に油を入れ強火で熱し、1を入れる。
3 均一に火が通るように炒めたら、5cmくらいの長さに切りそろえたにりんそうを加え、手早く炒める。
4 塩を振り入れ、お好みの味加減に仕上げて、器に盛りつける。

中 くじら

● 材料
くじら…………………100g
ぎょうじゃにんにく…1把
食用油…………………大さじ1
塩………………………適量

● 作り方
1 くじら肉は食べやすい大きさ、形に切る。
2 鍋に油を入れ強火で熱し、1を入れる。
3 均一に火が通るように炒めたら、ぎょうじゃにんにくを加え、手早く炒める。
4 塩を振り入れ、お好みの味加減に仕上げて、器に盛りつける。

右 えぞしかの横隔膜

● 材料
えぞしかの横隔膜……100g
あさつき………………1把
食用油…………………適量
塩………………………適量

● 作り方
1 えぞしかの横隔膜は食べやすい大きさ、形に切る。
2 鍋に油を入れ強火で熱し、1を入れる。
3 均一に火が通るように炒めたら、5cmくらいの長さに切りそろえたあさつきを加え、手早く炒める。
4 塩を振り入れ、お好みの味加減に仕上げて、器に盛りつける。

炒め物〔チレプ・スムコチレプ〕

おひたし（サカンケプ）

　春に採れる山菜をシンプルにおひたしで楽しみます。
　おひたし用に食べる分だけを採取して、ごみや虫を取り、きれいに洗い、切り口をそろえて束ね、輪ゴムなどでくくっておきます。鍋に湯を沸かして、山菜をゆですぎないように注意して、さっとゆでて、すぐに水で冷まします。にりんそう、えぞのりゅうきんかは花の付いたままゆでます。

おひたし（サカンケブ）

❶ せり
●作り方
1. 約10秒、熱湯をくぐらせて、約30分水にさらす。
2. 食べやすい大きさに切り、器に盛る。

❷ あさつき
●作り方
1. 約10秒、熱湯をくぐらせて、すぐに水で冷ます。
2. 食べやすい大きさに切り、器に盛る。

❸ クレソン
●作り方
1. 1〜2分ゆでて、すぐに水で冷ます。
2. 食べやすい大きさに切り、器に盛る。

❹ にりんそう
●作り方
1. 1〜2分ゆでて、10〜15分水にさらす。
2. 食べやすい大きさに切り、器に盛る。

❺ こごみ
●作り方
1. 2〜3分ゆでて、すぐに水で冷ます。
2. 食べやすい大きさに切り、器に盛る。

❻ えぞのりゅうきんか（やちぶき）
●作り方
1. 茎の部分を2分ゆでて、葉を入れてさらに1分ゆでる。
2. 約30分水にさらす。えぐ味のあるものは1晩水に漬けてアクを抜く。
3. 食べやすい大きさに切り、器に盛る。

おひたし(サカンケブ)

1 おひたし
2 たたき
3 たたき（ぎょうじゃにんにく合わせ）
4 きざみ
5 たたき（めかぶ合わせ）

いたどりのおひたし、たたき

柔らかい、若芽や若い茎を料理します。
特に柔らかい部分は生でも食べられます。

● 作り方

1 鍋に湯を沸かして、さっとゆでて、すぐに水で冷ます。
2 茎の部分は皮をむく。
3 おひたしは食べやすい大きさに切る。お好みで細かく刻んだり、包丁でさらに細かくたたきにする。
4 器に盛る。

※ねばり気があるたたきはぎょうじゃにんにくや、めかぶと相性が良い。一緒にたたいて合わせても美味しい。

たたきは、ご飯にのせて食べるとおいしい。

Columm：山菜の下ごしらえ

● ふきの下ごしらえ

葉と葉柄（茎）に切り分けて別々にゆでる。

1. 鍋で沸騰した湯に葉を入れ30秒ほどゆでて取り出す。湯を替えて3〜4回同じ作業を繰り返す。
2. ゆでた葉は水を張ったボウルに浸す。水が熱くなったら取り換えると変色が防げる。
3. 鍋で沸騰した湯に葉柄を入れ、7〜8分ほどゆでて取り出す（太さによってゆで時間を調整する）。

※葉柄が長い場合は、鍋の直系より短く切ってゆでる。

4. 水を張ったボウルに入れ、順次取り出して根元側の切り口のまわりの皮を包丁ではがし、引っ張って皮を取る。皮をむいた葉柄は水につけてアクを抜く。
5. 葉と葉柄は別の容器に移す。保存可能期間は、冷蔵庫で4、5日（アクが水に出ていたら水替えをする）。

※1週間以上保存したい場合は硬めにゆでる。

● わらびの下ごしらえ

1. 容器にわらびを入れ、灰汁や重曹をまんべんなく振りかける。特に切り口には手で擦り込むようにする。
2. 灰汁（重曹）にかけるように、熱湯をわらびが浸るくらい注ぐ。
3. そのまま半日ほど置く。柔らかくなったら、取り出して水洗いする。
4. 別の容器に移す。保存可能期間は冷蔵庫で1週間（アクが出ていたら水替えをする）。

※上手くアク抜きされたわらびは、切り口にぬめり・ねばり気がある。緑色の茎のものより、太く紫色のものの方がアクも少なくおいしい。

● ささのこの下ごしらえ

長さ5cmくらいの新芽を収穫する。

1. 先端を2cmくらい切り落とし、縦に切り込みを入れる。
2. 鍋で沸騰した湯に、ささのこを入れ1〜3分ほどゆでる。（ささのこの太さによってゆで時間を調整する）
3. 冷水で冷やし、皮をむく。
4. 容器に移す。保存可能期間は、冷蔵庫で1週間（アクが出ていたら水替えをする）。

※ささのこは「たけのこ」「細竹」「ねまがりたけ」等の商品名で、水煮が市販されています。

おひたし（サカンケブ）

一品料理

にしんの酢漬け

一品料理

● 材料

にしん	4尾
水	40 ml
塩	大さじ2弱
酢	100 ml
サラダ油	100 ml (オリーブ油でもよい)
イチイ (オンコ) の葉、または松葉	適量
山椒の葉 (木の芽)、山椒の実	適量

※山椒の実がない場合は粉山椒を代用する。

● 作り方

1. にしんを3枚におろして腹骨のある部分を包丁で剝ぎ取り、身を塩水に一晩漬けて血抜きをする。
2. 翌日、身の水を切り、6等分くらいの大きさにそぎ切りする。
3. イチイの葉を刻み、ティーパックに入れる。
4. 水、塩、酢とサラダ油を合わせた液に3を入れて香りをつける。
5. 保存容器に3を置く。その上に、にしん、山椒の葉と実を交互に重ねて、層になるようにする。
6. 5に4の液をまわし入れ、冷蔵庫で一晩寝かせる。
7. 器に盛りつける。

かじかの胃袋肝詰め

● 材料

かじかの胃袋……………1尾分
かじかの肝………………1尾分
こんぶ………………………3cm
水……………材料がひたるくらい
塩………………………………適量

● 作り方

1 かじかの胃袋は裏返して包丁でしごき、寄生虫や汚れを取る。
2 きれいに水洗いし、表に戻す。
3 胃袋にフォークなどで数か所を突き刺して、小穴を開ける。
4 胃袋の中にかじかの肝と小さじ1くらいの塩を入れて、口を串で閉じる。
5 鍋に肝を詰めた胃袋、こんぶ、水を入れて中火にかける。
6 火が通ったら火を止めて胃袋を取り出し、余熱が取れたら輪切りにして器に盛りつける。

にしんの切り込み

● 材料

にしん……………………500 g
麹…………………………50 g
塩…………………………20 g

● 作り方

1 にしんを3枚におろす。腹骨をそぎ、5 mm くらいの幅に切る。

2 にしんを水で血抜きする。つけ水が変色したら、まめに取り換える。

3 にしんと麹と塩をボウルに入れる。ひたひたに水を張り、冷蔵庫で1週間寝かせる。

4 器に盛りつける。

たらのそぼろ

● 材料

たら	2切れ(250g)
にんじん	60g
小ねぎ	3本
塩	適量

● 作り方

1. 鍋に水と、ほどよい大きさ(ここでは2切れ)のたらを入れ、中火にかけてゆでる。
2. 火が通ったらザルにあげ水気を切り、骨を取りながら身をほぐす。
3. にんじんはみじん切りにして、別の鍋(小鍋など)でゆでておく。
4. ほぐしたたらを別の鍋(小鍋、中華鍋など)に入れ、弱火にかけて炒る。
5. ふんわりするまで炒り、火を止めてにんじんを加えて合わせる。
6. 粗熱が取れたら塩で味を調える。
7. みじん切りにした小ねぎを合わせて、器に盛りつける。

かじかのそぼろ

● 材料

かじか	250g
こんぶ	5cm
ぎょうじゃにんにく	3本

● 作り方

1. 鍋に水と、こんぶ、ほどよい大きさ(ここでは250g)のかじかを入れ、中火にかけてゆでる。
2. 火が通ったら、かじかとこんぶをザルに取って汁を切り、かじかは骨を外しながらほぐす(ゆで汁は捨てずに残しておく)。
3. こんぶは細切りにする。
4. ほぐしたかじかを別の鍋(小鍋、中華鍋など)に入れ、ゆで汁を少し加えて弱火にかける。
5. こんぶを加えて汁気がなくなるまでふんわり炒め、火を止める。
6. 粗熱が取れたら、みじん切りにしたぎょうじゃにんにくを合わせて、器に盛りつける。

ほやの塩辛

ほやは、表面に凹凸がある「真ほや」と、ツルっとしている「えぞほや」の2種類があります。真ほやは主に宮城県で採られ、えぞほやは北海道で採れます。鮮魚店やスーパーなどで、えぞほやは「赤ほや」の名前でも販売されています。

● 材料

えぞほや ………………… 人数分
塩、麹 …………………… 適量

● 作り方

1. えぞほやの殻を2つに割り、身を取り出す。えぞほやは包丁の背で硬くなるまで叩くと、殻に包丁が入りやすくなる。
2. 身に包丁を入れて中の茶色をしたウロを取り除き、水洗いする。2つの突起した部分を切り落とす。
3. 半分に切って、半身をさらに1cm幅に薄切りにする。
4. 塩や麹を入れて、塩辛にして冷蔵庫に保存する。

※身に酢を合わせて食べてもおいしい。

えぞほや

ポンコンブとたまねぎの酢の物

ポンコンブは、こんぶという名がついていますが、違う種類の海藻です（p.118を参照）。

● 材料

ポンコンブ ………………… 100g
たまねぎ …………… 中1/2個
酢 ………………………… 大さじ2

● 作り方

1. ポンコンブを湯通しし、ザルにあげて水を切り粗熱を取る。
2. たまねぎを薄く切って水にさらす。
3. 1と、水気を切った2に酢を加えて、合わせる。
4. 器に盛りつける。

団子（シト）

　団子は祝い事、先祖供養（イチャルパ）などの儀式の時は必ず作られます。団子は供物のほか、儀式に出席した来客のお土産にもなります。お土産として持ち帰った団子はタレにつけたり、粥に入れたりして食べました。

昔からあわ、いなきびなどの穀物、山菜の根からとったでんぷんを使った団子が作られていました。昭和以降には上新粉やもち米が利用されるようになり、団子の材料の主流になっています。上新粉やもち米だけでは硬くなりやすいので、白玉粉も加えられるようになりました。

団子（シト）

こんぶ団子

● 材料

こんぶ	25 g

※こんぶは、焼くか油で素揚げしたものを、細かく砕いて粉状にしておく。

団子のゆで汁	80 ml
上新粉	50 g
白玉粉	200 g
水	250 ml
油脂（獣や魚）	適量
砂糖	適量

● 作り方

1 上新粉や米粉に熱湯を少しずつ加え、うどんやパンを作る要領で練り上げる。白玉粉は水で練る。

2 練ったものを合わせて、さらに練り、団子の生地にまとめる。

3 生地を直径5cm、厚さ1.5cmくらいに丸め、円盤状の団子を作る。

4 鍋に湯を沸かし、団子を入れてゆでる。

5 浮き上がってきた団子をザルなどにすくい上げて水気を切る。

6 たれを作る。鍋に粉にしたこんぶを入れて火にかけ、団子のゆで汁を加えながら練る。

7 6に油を加えて、味を調える(現在は、お好みで砂糖も加える)。

8 5を、7に手で分け入れ、ヘラを使って団子とタレを絡める。
絡めた団子を器に盛りつける。

団子（シト）

いも団子

● 材料

じゃがいも ………… 人数分
片栗粉 ……………… 適量
食用油 ……………… 適量

● 作り方

1 じゃがいもを皮つきのままゆでる。

2 熱いうちに皮をむき、潰して、片栗粉を混ぜながら練る。

3 滑らかになるまでよく練ってまとめ、円盤状の団子を作る。

4 鍋（中華鍋、フライパンなど）に油を熱し、団子の両面を弱火でじっくりと焼き、器に盛る。

かぼちゃ団子

● 材料

かぼちゃ …………… 1/4個
片栗粉 ……………… 大さじ3〜4
食用油 ……………… 適量

● 作り方

1 かぼちゃの皮、種とワタを取り、鍋に入れてゆでられる大きさに切り分ける。

2 鍋に湯を沸かし、かぼちゃを柔らかくゆでる。

3 かぼちゃに火が通ったら煮汁を捨て、ボウルなどに取り、熱いうちにきれいに潰して、片栗粉を合わせながらよく練り、団子の生地にまとめる。

4 まとまった生地で円盤状の団子を作る。

5 鍋（中華鍋、フライパンなど）に油を熱し、団子の両面を弱火でじっくりと焼き、器に盛る。

ペネエモ
(ポッチェエモ)

● 材料

じゃがいも ……………… 人数分
食用油 …………………… 適量

● 作り方

1 冬に木箱などの容器に雪を入れ、雪の中にじゃがいもを埋めて外に置く。

2 じゃがいもは雪の中で凍り、少し暖かくなると融ける。これが自然に繰り返されるので、雪解けのころにはじゃがいもが発酵している。
※デンプン質の結合が切れて柔らかくなる。

3 発酵したじゃがいもの皮をむき、身の部分を桶など大きな器に入れて水を張り、混ぜながら沈殿させる。上水を捨てて水を入れ替えて、上水が透明になるまで繰り返すことで、じゃがいものアクを抜く。

4 器の底に沈殿したものを木綿の袋に入れ、吊り下げて水を切る。

5 4を臼と杵でつき、練り込んで団子の生地にする。

6 生地が滑らかになったら、大きな団子状にまとめ乾燥して保存する。

7 食べる時は使う分だけ水で戻し、円盤状の団子にして、焼いたり、粥に落とし散らし入れて具にしたりして食べる。

発酵した春先のじゃがいも（ペネエモの材料）。雪中に置かれている状態はp.101を参照。

団子（シト）

白子の団子

● 材料

さけの白子 …………………… 300g
塩 ……………………………… 小さじ1
片栗粉 ………………………… 大さじ2
にら …………………………… 1把
食用油 ………………………… 適量

● 作り方

1 白子を水に漬けて血抜きし、熱湯で湯通しして血と生臭いにおいを取り、包丁でたたいて細かくする。

2 たたいた白子に片栗粉を少しずつ加えながら練る。滑らかになったら、刻んだにらを合わせて塩で味を調える。
※つなぎに卵を加えるやり方もある。

3 鍋(中華鍋、フライパンなど)に油を熱し、2をおたまですくい取って流し入れ、弱火でじっくりと両面を焼く。流し入れるとき、できるだけ円盤状にまとめる。

4 ほどよい大きさに、ピザのようにいちょうの形に切り分けて、器に盛りつける。

いわし つみれ団子

団子(シト)

● 材料

いわし ······················ 5、6尾
塩 ····················· 小さじ 1/3
片栗粉 ················ 大さじ 1.5
水 ································ 適量
食用油 ························· 適量

● 作り方

1 いわしは水で洗って、3枚におろす。
2 頭、中骨と尾びれを包丁でたたいて細かくする。
3 細かくなったら身を加えて、滑らかになるまでさらにたたく。
4 ボウルに、たたいたいわしと片栗粉を合わせて、よく練って団子の生地にまとめる。硬過ぎる場合は水を足して硬さを調節する。
5 まとまったら、ゴルフボールくらいの大きさを手のひらに取り、つぶし丸めて円盤状の団子を作る。鍋(中華鍋、フライパンなど)に油を熱し、団子の両面を弱火でじっくりと焼き、器に盛る。

［山・菜・図・鑑］

アイヌ料理は山菜の料理。
オハウやお粥、いろいろな場面で主役の魚を引き立て、
時には主役の座にもつく。
若芽や葉の利用はもちろん、根からデンプンを取ったり、
食材に変えるアイデアは無限大。

春先のものはそのまま利用、夏の成長した葉は乾燥して保存する。

プクサ（キト）
[和名] ぎょうじゃにんにく

　ヒガンバナ科の植物でキトビロとも呼ばれる。オハウやラタシケプなどに入れる。においが強く、大変美味しい山菜で、料理の薬味、味付けとしても欠かせない。アイヌの料理にとって最重要な山菜と言っても過言ではない。生育が遅いのも特徴で、葉が2枚の収穫適期までに少なくとも6～7年かかる。近年は栽培ものも増えているが、野外では乱獲が甚だしく、あまり見かけなくなっている。収穫の際は葉が1枚のものは採らない、採る時も根は残す、毎年同じ場所では採らない、などのマナーが求められている。

▶アイヌ語の名称は、「分類アイヌ語辞典」（知里真志保・編）等を参考に、できるだけその名称が採録された地域の多いものを見出しとし、その他の名称はカッコ囲みでいくつか示した。
▶まとめるにあたり、主に以下の資料を参考とした。
「日本の食生活全集48　聞き書　アイヌの食事」（萩中美枝・藤村久和・村木美幸・畑井朝子・古原敏弘）農山漁村文化協会
「アイヌと自然デジタル図鑑」ホームページ（アイヌ民族博物館）http://www.ainu-museum.or.jp/siror/index.html
Metabolomics・JP「アイヌ民族の有用植物」原典・独立行政法人医薬基盤研究所薬用植物資源センター北海道研究部　http://metabolomics.jp/wiki/Index:Ainu/Plant

プイ
（プイラ）
[和名] えぞのりゅうきんか

　キンポウゲ科の多年草。北海道では、やちぶきという呼び名の方が一般的。川岸や湿地に群生する。春先から初夏にかけて採取する花や茎葉はおひたしや和え物にする。

　また、秋から秋末に根を採取し　塩ゆでにしたり、ゆでてから乾燥保存、これを水でもどしてからすりつぶすなどして料理に用いる。

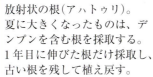

黄色の花が美しい群生地。

放射状の根（アハトゥリ）。夏に大きくなったものは、デンプンを含む根を採取する。1年目に伸びた根だけ採取し、古い根を残して植え戻す。

ピットク
（シトゥルキナ、チトゥルキナ、ハラチキサキナ、チペレキナ）
[和名] おおはなうど

　セリ科の多年草。茎や葉のようすがうどに似ており、美しい白い花が咲くことからこの名がついた。生食の他に、ラタシケプに用いる。

　5月下旬に花の実を付ける前の若い茎を採取する。保存する際は、茎を割くか、場合によっては湯がいてから割いて、天日あるいは室内で干す。カムイノミ（神々への祈り）、イチャルパ（先祖供養）、ハルエノミ（食材で病神を送り出す祈り）にも供える貴重な山菜。

地上部の葉形。

土を掘って収穫する。

アハ
（エハ、ヌミノカン）
［和名］やぶまめ（つちまめ）

　マメ科の植物で、秋や春先に地面を掘って採取する。地上にもさやをつけるが、地上部の豆は小さ過ぎるため食用にはならない。
　採取した豆は灰褐色の薄皮がついているが、料理の際、皮をむかない人も外・内皮ともむく人もいる。そのまま煮たり、混ぜご飯、ラタシケプに入れるなどして食べる。

やぶまめの混ぜご飯。

シケレペキナ
（カムイキナ、チトゥレプコパ、ウセヘキナ）
［和名］ひめざぜんそう

　サトイモ科の多年草。初夏にあずき色の仏炎包（ぶつえんほう：仏像の背景の炎形に似た包葉。みずばしょう等にみられる）に包まれた花が咲く。
　5月下旬に採取する。生のままだと毒草なので、ゆでた後、日光で乾燥させて毒を抜く。ひめざぜんそうをゆっくり炊きこんだラタシケプはおおはなど同様に、カムイノミ（神々への祈り）、イチャルパ（先祖供養）、ハルエノミ（食材で病神を送り出す祈り）にも供える。

ひめざぜんそうの仏炎苞。

採取後、葉柄を分割し乾燥する。

乾燥したひめざぜんそう。

プクサキナ
（オハウキナ）
［和名］にりんそう、いっぽんな

　キンポウゲ科の植物で、フクベラ、一本菜とも呼ばれる。春先に採取する代表的な山菜。若いものはゆでておひたしにしたり（p.62参照）、和え物やオハウに入れたりして使う。多くは天日で乾燥させ、保存食とする。
　花が開く前は猛毒のトリカブトによく似ているので、5月ころの開花時、容易に見分けがつくころに採取すると安全。

猛毒を持つトリカブト。同じくキンポウゲ科なので、葉の形が似ていて若芽の時は判別が難しい（上）。大きめの紫色の花が咲けば、違いは一目瞭然（下）。

ソルマ
（ソロマ、ソロマ、アイラプキナ）
［和名］くさそてつ（こごみ）

　シダ植物で、若芽をゆでておひたしなどにする。こごみはアクが少なく食べやすい。アイヌの人々はこごみ、ぜんまいなどシダ植物の若芽全般をソルマと呼んだ。また、胞子はスクスクと呼び、乾燥したものをいろいろな料理に使った（p.31参照）。

こごみの成長した様子。上の写真のサイズが食べられるほぼ限界。

ぜんまい。わらびと並びよく知られたシダ植物の山菜。アクは多い。

マカヨ
(マカオ、パハカイ、パッカイ、マカヨポ)
[和名]ふきのとう、ばっけ(北東北)

コロコニ
(コルコニ、ルウェキナ、ルイェキナ)
[和名]ふき、あきたぶき

　日本原産のキク科の多年草で、全国的におなじみの山菜。ふきは葉柄を食用とするが、時期が過ぎるとアクが多いので、アク抜きしてから煮物などに使う。ふきのとうは、ふきの花茎で、アク抜きせずに利用できる。

　昔はふきもふきのとうも、焼いて食べたり、オハウの具などに利用した。また、ふきはゆでて干して貯蔵された。

成長したふきのとうの茎も食用となるが、ふきのとうには雌雄があり、通常雄株を利用する(左)。

シタトマ
(セタトマ)
[和名]つるぼ

　クサツギカズラ科の植物で、5月中旬ころ塊根を採取する。生で食べるとほろ苦い。ゆでて食べたり、豆と半々に混ぜて炊き、ラタシケプにする。

マメの入ったシタトマラタシケプ。

掘り上げたシタトマ。

イコクトゥ
（イコクッタラ、クッタラ
ハシパハクトゥ、ハハパシ、トゥフクフ）
[和名]おおいたどり

　山菜と言うより野草の印象が強い。道端などで普通に見られるタデ科の多年草。本州のせいぜい高さ1メートルほどのいたどりと比べ、北海道のおおいたどりは高さ3メートルにもなる。

　若芽や若い茎の部分を、生食またはたたきや、煮ておひたしにする（p.66参照）。昔は山に入る時、枯茎を利用して海水を運搬するのに使ったり、葉を干してタバコに混ぜるなど、非常に役に立つ植物でもあった。

ノヤ
[和名]よもぎ

　キク科の植物。よもぎ餅などでおなじみの山菜。若芽や葉先を摘んで、ゆでてから乾燥し貯蔵、使用するときに水でもどす。儀式になくてはならない団子（シト）をつくるときに使う。また、昔は葉を傷薬にしたり、煮立てた蒸気を吸って風邪薬にした。

儀式用に積まれたシト。上段がよもぎ入り。

トゥワ
（ワルンペ、チェプマキナ
チカハソロマ）
[和名]わらび

　シダ植物で、若芽をゆでてアク抜きをして使うおなじみの山菜。また、塊根からはデンプンを採る。若芽は汁物などに、根のデンプンは粥などに用いた。

アユシニ
[和名]たらのき

　ウコギ科の低木。山菜として利用するのは新芽の部分で、頂芽のみを採取し側芽は取らない（側芽まで取ると木が枯死する）。アク抜き不要の人気の山菜で、おひたしや和え物、最近はてんぷらにすることが多い。

たらの芽(左)と、たらのき(下)。

シウキナ
（ポロクトゥ）
[和名]えぞにゅう

　セリ科の多年草。茎を利用するが、とにかくアクが強く、苦みも強い。昔アイヌの人々は比較的苦みが少ないものを選び、茎の皮をむいて生食した。
　ひぐまの大好物なので採りに山に入る時は注意が必要。

チスイェ
（チフイェ）
[和名]あまにゅう

　高さ2メートル以上にもなるセリ科の多年草。茎の皮をむいて生食する。また、煮物、和え物に利用したり、ゆでて乾燥し冬の保存食にもした。
　同じセリ科のえぞにゅうと比べ苦みが少なく、甘みがあって食べやすいものが多い。

イオンカクッタラ
（オロムン、オレム、オロマクッタラ
ユククトゥ、ペカンペクトゥ、ウライニキナ）
[和名]はんごんそう

　北海道では一般に、ななつばと呼ばれる。キク科の多年草で、大きいものは2メートルほどになる。7〜9月に黄色い花をつける。春の若い茎や葉をゆでて水にさらし食用とする。柔らかいふきのような食感。樺太では葉を焼いて湿疹にぬったり、根を煎じて神経痛などの薬に使った。

ワッカクトゥ
（ワッカククトゥ、ペクトゥ
ペヘクトゥ、チレクテクッタラ）
[和名]よぶすまそう、ぼうな

　北海道ではどこにでも見られる、山林に生えるキク科の多年草。「よぶすま」とはムササビの昔の呼び名で、三角形の大きな葉がムササビの飛翔する姿に似ていることからついた名とされる。
　春の若い茎を食用とするが、うどとふきを合わせたような通好みの味わいと言われる。

メンピロ
（メンプリ、ネンピロ）
［和名］のびる

　ヒガンバナ科の植物で、ねぎやにんにくに似たにおいがある。春、花の咲く前に葉を収穫する。残った塊茎から出る新葉も晩秋には収穫することができる。オハウやチタタプに使われる。
　また、イケマ（ガガイモ科の植物）と交互に糸を通したタマサイ（首飾り）を、魔除けとして身に着けたという。

チマキナ
（オパハタラ、ポホポ、セワハ）
［和名］うど

　ウコギ科の多年草。香りの強い若芽が人気の春の味覚の代表格とも言えるうどだが、昔のアイヌの人々は食用のほか、根の部分を湿布薬や傷の平癒に利用していた。ただし深い傷には用いることはできない。

シクトゥッ
（スクトゥッ、シクトゥル、シルクトゥッ）
［和名］あさつき、えぞねぎ

　ユリ科の植物。5〜6月の花が咲く前の葉を、オハウやおひたしなどに使う。昔は河原などにたくさんあったので、容易に採取できたという。

カパイ
（ポンイピシシプ、シタカパイ）
［和名］むかごいらくさ

　イラクサ科の多年草。触れると痛痒さを感じる刺毛を茎や葉のふちに持つ。春の若芽をおひたしなどにする。また、成長した茎から糸を作ったといい、むかごは食用のほか膿の吸い出しにも使う。

チトゥイレプ
[和名]ががいも

　キョウチクトウ科のつる性多年草で、繁殖力旺盛のため草地などで雑草化している。種子は漢方薬として利用される。
　また、春の若芽は食用になるが多量に摂取すると有害。昔アイヌの人々は、春先に根を採取し、焼いたり煮たりして食用としたが、やはり食べ過ぎると中毒を引き起こすと言われる。

アンチャミ
（アユシクッタラ、アユシキナ、アイェンケキナ
　アイェンキナ、アイコロキナ）
[和名]あざみ

　キク科の多年草で、種類は多い。春の若葉を湯がいて汁物の実にした。葉の幅が広いものが美味しい。
　また、樺太では全草を煎じて、かっけの薬として使った。

イチャリキナ
（イチャリポ、イチャラポ）
[和名]しゃく、こじゃく

　こじゃくとも呼ばれるセリ科の多年草で、夏に白く小さい花をつける。
　アイヌの人々は花が展開する前、茎や葉を生食、焼き、漬物などに利用した。また、根もヤマニンジンと呼ばれ食用になる。

ウシシキナ
（チライキナ、カムホラハテヘ）
[和名]えぞふゆのはなわらび

　ハナヤスリ科のシダ植物。葉を刻んで、煮魚に振りかけたり、クロユリの球根と炊いたりして、食用にした。
　また、煎じて産前産後の疲労回復、肺病の薬とした。

ペペロ
(ペペル)
[和名]ゆきざさ

　クサツギカズラ科の多年草で、一般にあずきなという名の山菜として知られる。茎や葉をおひたしにする。
　アイヌ料理では主に汁物に入れる。また、根を煮たり炒めたり、ゆで干しにして保存し、混ぜご飯や粥などに使う。

ウラシ
(フラシ、フル、イキタラ、イクタラ)
[和名]ちしまざさ

　イネ科の多年草。若芽（ささのこ）を5月中下旬に収穫する。たけのこのように歯ざわりがよく、優しい香りがする。アクが少なくゆでるだけで料理に使える（p.67を参照）。
　また、ささの実も雑穀として、混ぜご飯やかゆに利用したり、粉にして団子などにした。数年に一度しか実をつけず、一斉に落ちてしまうため、日常の山歩きの中で注意し、収穫適期を逃さないようにしなければならなかった。

イシメキナ
(イシメクトゥ、イシメクッタラ
カムホラハテヘ)
[和名]おにしもつけ

　人の背丈くらいの高さに育つバラ科の多年草。頂上の若葉の部分を山菜として利用する。
　アイヌ文化では、下痢止めとして根を煎じて飲んだり、粥を作ったりした。また、茎葉はジンマシンや湿疹の薬として、煎じた液で洗浄した。

ホノイェノイェプ
(エピッチェキナ
ルチャウシアパッポ)
[和名]えぞたんぽぽ

　キク科の多年草で、日本在来種のタンポポであるが、外来種のセイヨウタンポポに追われ、姿を消しつつある。
　若葉をゆでて汁物の具にする。また、全草を煎じて腹痛の薬として飲用した。

トゥレプ
（エラーパシ、キウ）
[和名] おおうばゆり

ユリ科の多年草で、花の頃には下葉（歯）が取れるさまを姥（うば）にたとえて「うばゆり」の名が付けられたと言われる（実は花が咲いても下葉が残っているものが多い）。

根や球根にデンプンを含む植物は多いが、おおうばゆりはその代表格であり、アイヌの人たちにとって非常に重要な植物だった。

6月中下旬頃に、花がつかない株（資源枯渇を防ぐため）から球根を採取し、デンプンや団子に加工する。また、球根を塩煮や焼いて食べることもあり、昔は炉の灰の中に埋めて焼いて食した。

洗った球根部。

タマサイ（首飾り）状に繋ぎ乾燥させる。

デンプン作り・団子加工

球根を臼や樽に入れて突き砕いた後に水を張り、上水を捨ててデンプンを分離する。沈殿の最下層：一番粉（上）、上層：二番粉（中）、浮かんだ残さ（下）

残さ（デンプンかす、繊維）は、ふきの葉に包み発酵させた後、乾燥し団子に加工して乾燥保存する。この団子は乾燥しやすいように中央などに穴を空ける。

一番粉は薬として利用（腹痛に効く）、二番粉は団子にして食用にする。

デンプン団子を食べるときは、練って丸めてお粥に入れる。

ラウラウ
[和名]えぞてんなんしょう

サトイモ科の多年草。花（仏炎苞）の形や茎の模様がへびに似て、秋には赤い実がまとまってつくので、別名「ヘビノタイマツ」「マムシグサ」とも呼ばれる。

晩秋に球根を掘り、有毒部分を除いて焼いたり、蒸したりして食べる。早い時期には球根全体にトリカブトと並ぶ狩猟用の毒を含むが、晩秋に毒が茎近くに集まり黄変するため取り除くことが可能となる。

「タイマツ」の語源となった実の部分。赤くきれいであるが、この実も有毒物質を含む。

掘り出した状態。地下の部分(写真左)についている球根を利用する。地上部はへび(まむし)が首をもたげているさまに似た仏炎苞をつける。

球根の断面。種子が赤く色づくころになると、毒が集まり黄色に変わるため、毒の部分を取り除くことができるようになる。

有毒の部分が取り除かれたようす。

蒸した球根。「くりとさつまいもを足したような味」とも言われる。

山菜図鑑

トマ
[和名]えぞえんごさく

　早春に青い花が咲くケシ科の多年草。群生していることが多く、根に小さい塊茎がつく。
　塊茎を掘り取り、焼いたり煮たりして油をつけて食べたり、あるいはお餅にしたりして食べる。また、ゆでてから干して保存食にもする。根の煮汁を腹痛薬として飲んだという地域もある。
　また、花を含む地上部も煮て、おひたしや汁の実などにする。

ピスンキッテシ
[和名]はまひるがお

　海岸の砂地などに生えるヒルガオ科の多年草。春先から春にかけて根茎を採取し、煮物や混ぜご飯に利用した。

カパト
[和名]こうほね

　水中に生えるスイレン科の多年草。夏に黄色の花をつける。根茎が骨のように見えることから、「こうほね」の名がついた。
　地下茎を採取し、アク抜き後に乾燥して保存、利用する時は水でもどし、汁物や混ぜご飯、粥などに入れた。種子は秋に採取し、汁物や和え物、ご飯と炊き合わせるなどして食べる。

ニハル
（ニアル、ニヤル）
[和名]やどりぎ

　樹木に鳥の巣状に付く、ビャクダン科の半寄生常緑樹。北海道では主にミズナラに寄生するが、シラカバ、ナナカマドなどにも見られる。秋に実をつけるが、実は味が悪いため利用されない。
　アイヌ文化では、枝を煮て潰し、黄色いデンプンを取って料理に使う。

山菜図鑑

ひしが群生する池。

乾燥したひしの実。

ペカンペ
［和名］ひし

ひしの実の殻(左)と中身(右)。

　池や沼など水中に生えるミソハギ科の1年草。水面から出る葉は三角に近いヒシ型をしている。秋にとげのある殻をもつヒシ型の実をつける。
　実をゆでて皮をむき、種子をご飯に炊き込んだり、お粥、ラタシケプなどに入れる。デンプンが種子の成分の約半分を占めるため、くりのような味がする。

シケレペ
（シケルペ、セタシケレペ
シケレペ、シケレパニトゥレヘ）
［和名］きはだ

　ミカン科の樹木で、果実を採取し、乾燥保存する。ラタシケプに使う。
　ハッカに苦みを加えたような味（どことなく柑橘系の風味もする）は、最近はアイヌの人々の中でも好き嫌いがはっきりしている。また、果実や内皮を薬用とした。

きはだの花。実は木の高いところにつく。

まだ青いシケレペを束ねて干す。

儀式で供される、かぼちゃのラタシケプにはシケレペが欠かせない。

カッコクムン
（アハチライムン）
[和名]えぞかんぞう

　ススキノキ科の多年草（以前はユリ科に分類されていた）。エゾゼンテイカとも呼ぶ。初夏の萎れかけた黄色の花を食用とする。
　やまぶどうの若芽と和えたり、チタタプなどに入れたりする。

アンラコル
（アンラコロ、ハンタコロ、ハハ）
[和名]くろゆり

　ユリ科の多年草。6月頃につく球根を秋になって採取し、ご飯と混ぜて炊いたり、ゆでたりして食用とした。
　樺太地方では冬季に、乾燥保存したくろゆりの球根を食用土と煮てつぶし、コケモモの実を混ぜて食べたという。

マウ
（オタロプ、オタロホ、オタルフ）
[和名]はまなす

　海岸の砂地などに生えるバラ科の低木。初夏にピンク色の花をつけ、晩夏から秋に小さな実（ローズヒップ）をつける。
　アイヌの人々は実を採取し、生食や団子のつけだれに使ったり、乾燥保存して混ぜご飯や煮物にした（p.30参照）。マウは、はまなすの実を指し、木はマウニ、花はマウニノンノなどと呼ばれる。

エマウリ
（エマウル、キナエマウリ）
[和名]えんれいそう

　シュロソウ科の多年草。ひし形の3枚の葉の中心から花柄をのばし、小さな花をつける。
　黒く熟した果実は甘く、生食用となる。

えんれいそうの青実。

ハッ
（ハハ、ニカオプ、ニコプ）

[和名]やまぶどう

　ブドウ科の植物で、果実は熟すと黒くなる。

　果実を生食や、果実酒にしたりするほか、果汁を刺身や焼き魚などの調味料に利用した。若葉やひげつるの部分は酸味があるので、不要な部分を取り除いて刻んで生食した。葉は陰干しにして刻み、煙草にブレンドした。また、葉はトイレの落とし紙（尻ふき）としても利用された。

フレハッ
（フレアッ、レプニハッ、レプニアッ、レヘニハハ）

[和名]ちょうせんごみし

　マツブサ科のツル性植物で、秋に赤い実を房状につける。実には酸味があり、アイヌ料理では生食のほか、焼き魚や茹でた根茎類などの味付けに利用する。また、実と一緒につるも乾燥保存して薬用とした。

　実は「五味子（ごみし）」という生薬で、鎮咳去痰作用や強壮作用があるとされる。甘味、酸味、辛み、苦味、塩味の5味を持つことから名がつき、植物名にもなった。

マタタンプ
（ナタタンプ、チカプクッチ、エカシクッチ、カムイクッチ、フレクッチ）

[和名]またたび

　マタタビ科のツル性樹木。果実は昔、子どもたちのおやつ代わりだった。生食のみで、保存することはなかった。

　一般的には美味とは言い難く、現在は薬用酒としての利用が多い。

チルクッチ
（シルクッチ、チカプクッチ、ウチリクッチ、チリケヘ、チリキヒ）

[和名]みやままたたび

　マタタビ科のツル性樹木。またたびとは違い、ネコは特に反応を示さない。

　晩秋に実を採取する。甘酸っぱい味で生食に利用される。

山菜図鑑

クッチ
[和名]さるなし

　マタタビ科のつる性植物で、北海道では、果実をこくわと呼ぶ。
　秋に実を採取し生食したり、発酵させたものを飲用した。キウイフルーツの元祖。

アナッニ
（ハナッニ）
[和名]はいいぬがや

　イヌガヤ科の低木針葉樹。10月頃に種子が赤く熟れ、生食用となる。
　樹皮は薬に利用され、木は弓や小刀の柄などに加工された。

ペロニセウ
[和名]みずなら

　どんぐりはブナ科の樹木の実。アイヌの人々が利用した実（ニセウ）は、みずなら（ペロニセウ）と、かしわ（トゥンニニセウ）がある。前者は細長く渋みが強く、後者は渋みが弱い。
　秋に採取し、外皮を取ってゆでた後、乾燥保存する。ラタシケプなどに利用する。

白老アイヌ民族博物館カフェ・リムセで出されていたニセウうどん（下）。

ネシコ
[和名]おにぐるみ

　クルミ科の高木。秋に実を採取して乾燥し貯蔵、冬に火であぶり、殻を取るなどして実を食用とした。樹皮は染色に用いるなど、使用用途はさまざま。

トチ
[和名]とちのき

　ムクロジ科の落葉広葉樹。種子はデンプンやタンパク質を多く含み、「栃の実」として渋抜きして食用とする。食用の歴史は古く、縄文時代の遺跡からも出土している。

　アイヌの人々は種子の浸出液で目や傷口を洗うなど主に薬用とした。

ケネカルシ
[和名]むきたけ

　秋の食用きのこであるが、春にも収穫できる。風味にくせがなく食感もよく、汁物、煮物、炒め物などに広く利用されている（p.48参照）。

　見た目の似ている毒きのこ、つきよたけと混じって生えてることがあり、誤食しないよう注意が必要。

秋の味覚・きのこ

　秋の山菜の代表と言えばきのこ類。アイヌ文化ではキノコ類を「カルシ」と呼び、まいたけやしいたけ、すぎたけの仲間等、いろいろな種類のきのこを汁物に入れたりして食していた。なお、北海道で人気の「落葉きのこ（はないぐち）」は、明治後期に造林されたカラマツ林に生えるきのこで、もともと北海道には生育していなかった。

ナラタケ

　北海道では一般に「ぼりぼり」と呼ばれる、落葉きのこと並ぶ人気のきのこ。種類は多く、採取できる場所・時期はさまざま。味が良く、毒を持つ仲間がない安心なきのこであるが、消化されにくいため、食べ過ぎに注意が必要とも言われる。

ヌメリスギタケモドキ

　北海道では一般に「やなぎたけ」と呼ばれている。

　目立つ黄色で傘にいぼ状のささくれがあり、他のきのことの見分けが容易。同じ仲間に毒を持つ種類がないため、安心して採取できる。

早生

晩生

山菜図鑑

エント茶

エント（セタエント）
[和名]なぎなたこうじゅ

　シソ科の植物で、特徴のある香りがある。秋、花が咲いているとき採取し乾燥保存する。今は主にお茶として利用される。昔は、茎葉をお粥に入れて食用とした。
　現在、アイヌのお茶として最も知られており、商品化もされている。

　葉や樹皮、根などを乾燥、煎じてお茶のように飲用した植物は多い。多くは薬効を期待されたものである。
いそつつじ使用部位：葉
えぞいちご：茎・葉
きたこぶし：樹皮・枝
はまなす（p.94）：木部
おおばせんきゅう：根
おおはなうど（p.81）：根

プシニ
（イカヨプニ）
[和名]ほおのき

　モクレン科の高木で香りがよいことで知られる。種子を煎じてお茶として利用した。腹痛や産後の肥立ちに効くとされた。
　木の幹は彫りやすい材質で、矢筒や杓子、小刀のさや、槍や銛の柄などに加工するのに用いられたという。

イネハムシ
[和名]ひとりしずか、ふたりしずか

　森林の湿った場所に育つセンリョウ科の多年草。茎葉を乾燥しお茶として利用した。

[栽・培・作・物・図・鑑]

魚を捕り、山菜を集めて作ったアイヌ料理。
もちろん穀物など自生していない作物を作る「農耕」も行っていた。

ピヤパ
[和名]ひえ

イネ科の植物で、アイヌの最も古くからの播種作物であり、重要な穀物である。サヨ（粥）やサタマㇺ（ご飯もの）の材料として、ひえ単独、または他の穀物を混ぜて炊く（p.16、p.25参照）ほか、トノトと呼ばれるお酒の原料にも用いられる。

トノトを仕込む前のひえ。仕込みの桶は「サケカㇻシントコ」と呼ばれる。

メンクル
（シプシケプ）
[和名]いなきび

(左)乾燥した、いなきびの穂。
(上)いなきびの粉と粒。

イネ科の作物。米やひえに混ぜて炊いたり、団子にする。いなきびご飯はイチャルパ（祖先供養）などの儀式でよく作られる料理（p.24参照）。また、もちにすると、もち米より甘みがあり美味しい。

栽培作物図鑑

いろいろな色をしたマメ。煮豆やラタシケプを作る時は、これらを混ぜて使うことも。

マメ
[和名]豆類

豆類は、日本語の豆から取って「マメ」と呼ばれる。つるの有無でその言い分けがされるが、総称がマメとなる。昔からつるのある「ニコロマメ」が栽培され、料理に使われてきた。特にラタシケプの重要な材料である。その後、いんげんを中心に、多くの種類の豆類が移入されている。

マメと、おおはなうどのラタシケプ。

キミ
[和名]とうきび（とうもろこし）

アイヌの人々は、とうきび（とうもろこし）や麦、そばなどの雑穀も作っていた。雑穀類は主にひえと一緒に炊いて、お粥にした。また、とうきびはマメとともにラタシケプに使われることが多い。

昔はもちきび系のとうきびを使った。現在は入手しやすいスイートコーンで代用される。

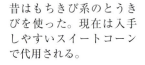

左から、とうきび、いなきび（粉）、ニコロマメ。コウシラタシケプ（のり状のラタシケプ）の材料。

ムンチロ
（アイヌアマム）
[和名]あわ

　イネ科作物で、ひえの次によく食べられていた穀物。白にして団子にするか、ひえなどと一緒に炊いて、サタマム（ご飯）にする。

カンポチャ
[和名]かぼちゃ

　他の作物と比べ、栽培の歴史は比較的浅いが、塩煮や団子、オハウの実など、多くの料理に使われる。かぼちゃのラタシケプは、今やラタシケプの主流となっており、儀式の定番料理として欠かせない。

保存用の干しかぼちゃ。

エモ
（コソイモ、ヌチャトマ）
[和名]じゃがいも（ばれいしょ）

　じゃがいも（昔は、ごしょいもとも呼ばれた）も比較的古くから栽培されている作物。和え物や団子に用いられる。冬季の間、雪中に放置して、春先に作る団子「ペネエモ」（ポッチェエモ）（p.77 参照）は代表的な食べ物のひとつで、年配者の「懐かしの味」に挙げられることが多い。

ペネエモ作り。エモを"しばれさせる"（「しばれる」は北海道の方言で「凍る」の意）ことで、デンプンが分解しやすくなる。並べられた箱の中には、雪に覆われたエモが納められている。（旧アイヌ民族博物館で撮影）

じゃがいもの花。

栽培作物図鑑

[魚・と・陸・獣・図・鑑]

魚介や肉を狩り、糧としていたアイヌの人々。
それら食材は今も"北海道の味"として、地元の人々は
もちろん、観光客にも親しまれている。

カムイチェプ
（シペ）
[和名]さけ

しゃけ、アキアジとも呼ばれる。また、産卵期以外の季節外れに獲れたものをトキシラズ、産卵後のものを「ほっちゃれ」とも呼ぶ。秋に河川を遡上、産卵し、卵は約2ヵ月で孵化し海に移動、2〜8年回遊し産卵のため回帰する。そのため秋〜初冬が旬となる。

アイヌの人々にとって最も重要な魚であり、"カムイチェプ"は「神さまの魚」を意味する。乾燥貯蔵し、いろいろな料理に用いた。

収穫期はすじこや白子、めふん（腎臓）や他の臓器、頭からひれ、皮まで利用し、余すところはない。

すじこ料理各種。
上段右がすじこ、
左が粥、
下段右が団子、
左がじゃがいも和え

サキペ
[和名]ます

「さけ」と呼ばれる魚（さけ、べにざけ等）を除くサケ科魚の総称。北海道では、ますは主に回遊魚の「からふとます（あおますとも呼ぶ）」（ヘモイ、エモイ）を指すが、「さくらます」（イチャニウ、イチャヌイ）「ひめます」（カパッチェプ）等もいる。

からふとますは、7月から河川への遡上が始まり、8〜10月に産卵する。さけが遡上するまでの重要な食材。

ニシポク
[和名]ほっけ

　「ほっけ」と「縞ほっけ」がある。近海に住む海水魚で、北海道の味覚として代表的な魚。初夏から冬まで獲れるが、旬は初夏の7月とされる。鮮度を保つのが困難なため、北海道内では生でも販売されているが、都府県では通常干物として流通する（主に縞ほっけ）。

チマカニ
[和名]かじか

　淡水魚に分類されているが、一生を河川で暮らす種と、稚魚の時期を海で過ごす種がある。旬は冬。よいダシが出るので、オハウが代表的な料理（p.10参照）。
　大きい肝臓は特に美味とされ、汁物はもちろん、一品料理も作られる（p.70参照）。

サマンペ
（カパリウ）
[和名]かれい

　近海に住む海水魚。種類が多く（北海道近海でも14種）、旬も秋～春と長い。干物に向いている種類もあり、年間通じて食される代表的な魚。
　焼き魚、煮魚等、いろいろな料理使われる。冬は刺身もおいしい。（p.38、p.49参照）

スサム
[和名]ししゃも

　北海道の太平洋沿岸、鵡川から釧路までの間の16河川でしか遡上が見られない、貴重な回遊魚。晩秋に川を溯上し産卵する。アイヌ文化ではいくつかの民話が語り継がれ、豊漁祈願の儀式（カムイノミ）が行なわれている。むかわ町の町魚。
　主に干物（丸干し）として流通し、焼き魚やフライなどにされる。輸入品の「カラフトシシャモ」は似ているが別種の魚である。

ユク
[和名]しか（えぞしか）

北海道の森林や原野に住む。乱獲等により絶滅寸前まで数が減少するも、保護政策により回復、現在はむしろ植物や農産物、樹皮などへの食害、交通事故の発生など、社会問題化している。2014年に制定された「北海道エゾシカ対策推進条例」により、個体数の管理、および肉の食材利用などの捕獲個体の有効活用が図られ、加工品が地域のご当地グルメとして提供されたり、しか肉を扱うネット通販など、以前と比べ身近な食材となりつつある。

しかは、昔からアイヌの人々の狩猟の中心として、肉を食材とする他、脂を料理に使ったり、毛皮や角、足の腱に至るまで加工品として無駄なく利用していた。

一部の書籍等に「アイヌ文化では万物に神が宿ると考えているが、例外としてえぞしかそのものの神は存在しない」という説明が見られるが、実際には神送りの儀式も行われており、多分に誤解があると思われる。

キムンカムイ
（カムイ）
[和名]くま（ひぐま）

北海道の森林および原野に住む。雑食性で木の実や草本を主に食べる。動物性のものは昆虫類が中心で、陸獣を狩ることは少ない。冬季は巣穴で冬ごもりし、その間出産し、子育てを始める。

アイヌ文化では、尊い神として祀られる上、捕獲した親ぐまや、一緒に捕らえた子ぐまは、霊送りの儀式を丁重に行い、その霊魂（魂）を天上界（神の国）に送る。肉や内臓を食材として料理に用いたが、中でも脳と頭部の肉を用いた「たたき」は霊送りの儀式にしか供されない特別な料理だった。

モユク
[和名]たぬき（えぞたぬき）

北海道の一部地域、主に森林部に住む。雑食性で、落ちている木の実や虫などを主に食べる。休息や子育ては、巣穴を自身では掘らず既存の穴地を利用し、他の動物と同居する例も見られる。そのためか、アイヌ民話では、たぬきは「ひぐまの叔父さん」に当たり、ひぐまの食事作りを担当している。目の周りの黒い部分は、炊事の時の炭の跡だという。

たぬきも他の陸獣と同様に、いろいろな料理に使われる（たぬき汁等。p.14 参照）。肝臓と心臓は刺身としても食された。

また、他の中小動物（きつねやうさぎ、りす、野鳥等）も食材として利用されていた。

「アイヌ料理」とは何か

その源流をさかのぼる

先祖供養儀式［イチャルパ］の料理の例。

イベントで出される料理の例。
伝統的な料理とともに揚げ物などが並ぶ。

日本料理の源流

　アイヌの人たちの料理は、「日本料理の源流」とも言えるものである。

　煮る、焼く、蒸す、炒めるといった日本料理の基本的な手法はアイヌの人たちの食事にも揃っている。揚げ物については、焼いたり炒めたりする際に油（脂）を多めに使った料理が、それに当たる。料理全体で見れば、煮ることが一番多く、それに焼く、和える、が続く。

　アイヌの人たちは狩猟採集民族であったが、食材を見ると、肉や魚ばかりが並んでいるわけではない。むしろ山菜が多く、植物性の食料がかなりの部分を占めている。8割は植物で、あと2割が肉や魚（特に魚）と考えてよい。

　このことは昔の日本の平均的な食事においても同じで、動物性のものと言えば肉の焼いたものか煮魚ぐらいなもので、米のご飯とお汁と漬物、あとは付け合せやおひたしなど、ほとんど8割方は植物である。古代の日本は狩猟中心から、米作りが始まって食生活が変化したとも言われるが、植物性の食料が高い比率を占めるのは米作りが行われるようになったからなのではなく、元々そうだったのではないかと思われる。

イベントで出された料理。
右側トレイの2つの汁物は、左が「くま肉」のオハウ、右側が「えぞしか」のオハウ。
注）本文中の［　］はアイヌ語表記。

おおうばゆりから採れるデンプン類各種。
（上段）左端はデンプンを分離した繊維を発酵したもの。
団子状にして乾燥すると右のようになる。
（下段）右端は球根を切って乾燥したもの。
粉は右から一番粉、二番粉、繊維（残さ）が混じったもの。

地下茎や根からデンプンを採る

　北海道に自生している植物は、細かく分類するとその数は万を超すと言われる。そのうち食料として採取したもので、現在わかっているものは300〜500種位あるとされるが、それ以外の植物も「本当に食べられない」ものは多くはなく、実際には、かなりの植物は食べることが可能である。

　また、デンプンを採取できる植物も、一般にはあまり知られていないものも含め、非常に多い。地下茎にデンプンを貯えるものとしてゆりの類があり、アイヌの人たちが主に採ることでよく知られているものでは、おおうばゆりがある。その他に、根、茎、球根にデンプンを含むものとしては、くず、かたくり等、よく知られているものの他、きくいも、つりがねにんじん、はまひるがお、いけま、ががいも、えぞのりゅうきんか（やちぶき）、やどりぎ、さいはいらん、えぞえんごさく、くろゆり、えぞてんなんしょう、こうほね、わらびなど、多数あげられる。実にデンプンを含むものは、ひし、とち、やぶまめ、はまえんどう、おおばこ、くり、みずなら、かしわ、ささ、いぬびえといったものがある。かなりの種類である。実や球根ならば分かりやすいが、根からデンプンが採れることは、なかなか気がつかなさそうだが、おそらく動物が根を掘り出して食する様子を見て学んだのであろう。

　アイヌの人たちの食材は、先に述べたよう8割が植物であるが、植物といっても副菜ばかりではなく、むしろデンプンを多く含んでいるものを中心に摂っていたのである。

儀式に供されるさけは雌雄セットで。

狩猟時に欠かせない小刀。
山での料理はほとんどこれだけで作ってしまう。

食材は「間引き」して得る

　山菜採取や農耕は女性の仕事であり、漁や狩猟は男性が受け持つ。山菜は比較的集落に近いところで採取する。山菜の採取は資源が枯渇しないように行う、要は間引きである。間引きといっても、場所をいろいろ移して採るので、かなりの量になる。このうちの多くは保存食料になる。

　農耕は、自分たちの家の周りにわずかにものを植えるという小規模な形で行われた。あくまで山菜採取や漁、狩猟で得た食料の補充のためのものである。あわ、ひえ、特にひえ栽培は時期的にかなり古いとされる。じゃがいもは和人が持ち込んだ作物の中で、比較的早くから栽培されていた。農耕技術はかなり古くから持っていたようである。北海道の遺跡からはアイヌ文化以前の時代の土器が出る。その土器と同時期と推定される墳墓から、鎌や鋤の金具のようなものが出土するので、時期的にはかなり古い頃から行われていたのだろうと思われる。

　漁撈は、川と海とに分かれるが、川の方はさけ、ますが中心である。ますは初夏から獲れ始め、夏の間の重要な食料源なのだが、脂の多い魚なので越冬用にはならない。9月頃になると、今度はさけが上ってくる。さけも、獲れ始めの頃は脂が乗っていて保存には適さないので、10〜11月の脂が抜けるぐらいになってから保存用の干し魚を作る。かなりの量が獲れ、この時期は1日の生活は干し魚の加工に多くの時間を取られてしまう。川魚は他にもやまべ、うぐい、いとう、ししゃもなどあらゆる種類のものを獲る。

　磯であれば海藻や貝も採る。海魚は、春はいわし、にしん、かれい、初夏にはほっけやかじき、さめ、まんぼう、夏はすずき、いか、みずだこ、秋にはさんま、はたはた、冬はたら、かじか、きんきなどの赤魚と続く。漁撈も沖の方へ出て行くことはせず、沿岸であらゆる種類の魚を、全てではなく適度に獲っていく「間引き」である。

　狩猟はえぞしかを中心に、ひぐま、きたきつね、えぞたぬき、てん、えぞりす、鳥の類がある。狩猟の季節は、毛皮を得るため主に冬から春となる。原則として交尾期には獲らないし、子どもも獲らない。鳥や小動物は皮を除き、骨までたたいてつみれにして食べるが、大きい動物は骨を残す。その際、骨は捨てず供養する（神に返す。なお、儀

式と特別な料理については機会をあらためて紹介したい)。はとの大きさくらいまでは骨までたたいてつみれにすると思ってよい。

　アイヌの猟師は山へ行く時は軽装で、また時間的にもけっして無理をしない。朝はしらじらと夜が明ける時ぐらいにはもうすでに食事を終え、薄暗い感じの頃にはすでに出かけている。だから陽が上る頃には、かなり遠くまで到達できる。山での遭難は、ないわけではないが非常に少なかったという。

　山に塩を持っていく必要があった場合は、海水をおおいたどり等の枯れ茎に吸わせ、それを乾燥したものを持って行った。また、山中で塩気が欲しくなった時は木を燃やし灰にして、水に漬けてその上澄みを使った。古くは山中での肉の調理には塩を使わなかった。血液など、動物が元々持っている塩分があったからである。

巨大な川魚いとう。

解体されたかじき。頭部からヒレ、尾まで利用する。

儀式で調理されるのを待つかじき。

食料の保存

　北海道は1年の半分が雪におおわれており、冷害も珍しいことではない。だから、アイヌの人たちは、食料を貯える、保存するということをいつも考えていた。越冬時には干し肉や干し魚など、保存食料が食料源となる。

　アイヌの人たちは、食物連鎖の中で間引きをすることで食生活を支えているので、気候による植物の不作などで収穫の予定が狂ってしまったり、秋末になってもさけが上がってこないなど、深刻な事態に直面することもありえる。そうなると、今までに貯えておいた干し魚を利用して、来年の秋まで待たなければならない。そのためにかつては家の中も食料保存庫も、干し肉、干し魚、山菜などの保存食料で一杯にした。

　アイヌのお年寄り（主に大正以前生まれ）の話を聞くと、人間にとっていちばん恐ろしいのは飢饉だという。雷が落ちようが地震が起ころうが、その場にいなければ大丈夫。伝染病も怖いが、元来アイヌの人々の村はそれぞれ離れており、大流行する可能性は低い。病人が出た家に食事や薬を届けるときも、中間地点くらいのところまで持って行き、後は取りに来てもらう。後の植民地的な政策により、居住地に集められるまでは、伝染病の脅威はあまりなかった。

　ところが飢饉というのはどうにもならない。どこへどう逃げても自分のお腹が常に責められるので、これほど恐ろしいことはない。さらに、飢饉で食べ物がないということは、自分の住む村だけではなく、ほとんどの近村にも食べ物がないということ。だからアイヌの女の人たちは、山菜などの保存食料の確保のために、怠ける暇なく働いた。怠けるということが大嫌いなのである。子どもたちも歩けるようになると、浜に落ちている食べられるようなものは、こんぶの切れ端でも何でも拾って歩いた。食物はけっして粗末にしたり無駄にしたりしない。

食糧庫（滝川市）。
冬までに日干しにした食材を溜め込む。

干し肉（えぞしか）（上）。家の中に吊り下げ干されたさけは、自然に燻製となる（とば）（下）。

料理の主食は「お汁」

　日々の食事は、採取・収穫してきたばかりのものや、保存食料を料理して食べるのが普通であったが、主食は何といっても「お汁［オハウ］」であった。肉や魚に、ふき、あさつきなどの山菜やこんぶ、豆類、じゃがいも、きのこ類、はこべ等の野草などをよく煮こみ、具の一杯入ったスープを食べるのである。ある程度炊きあげてしまうと、肉や魚はすっかりダシが出てしまう。だから汁のほうに栄養があると考え、汁を大事に頂く。お汁の料理名は、大体はそのお汁の主役の魚か肉の名前を取って、にしん汁、しか汁などという名称になる。あくまで具材の主役は魚や肉であり、山菜や野菜だけのお汁は少ない。お汁のダシは具材そのものの他、こんぶ、魚の焼干しなども使った。

　昔のアイヌの人々は、山菜を煮る時、基本的にアク取りはしなかった。ふきのとうやぎょうじゃにんにく［プクサ］など葉ものの山菜を最後に入れてアクを吸わせ、食べやすくした。現在は葉もの野菜としてキャベツなども入れる。

　また、脂を入れることによって、えぐ味や渋みを脂の甘味で抑えることができる。脂を入れてお汁を炊くことで、味が良くなるとともに、脂を使うことで少量でも満腹感が得られるので、まさに一石二鳥である。脂は陸獣（えぞしか等）や海獣（あざらし、とど、くじら等）、魚（にしん、いわし、たら、さめ等）から採ったものを使う。魚から脂を採取するには、鍋に水を入れ、それらを長時間炊いて、浮かんでくる脂をすくう。

　しかなどの陸獣は骨髄や背脂を炊く。また、たらやさめは肝臓を直接煎っても脂が得られる。ごま等の植物性油は使われなかった。

　お汁のだしとして使われるこんぶであるが、アイヌ料理ではだしを取るだけではなく、やわらかくなるまで火を通し、お汁の具として食べてしまうのが普通。そのため、火の通りやすい、身の薄いこんぶを使う。

　静内地方や噴火湾沿岸では、地元で"アナメ"と呼ばれる穴の開いたこんぶ［オプシプシ］を使う。三陸から北海道近海に生育する「すじめ」というコンブ科の雑藻で、4月末に採れる春の風物詩であるが、漁師が採ることはなく、地元の人が海岸で拾い、持ち帰ってきれいに洗って利用する。一般に「あなめ」と呼ばれるこんぶとは異なる種類なので、料理に使う時は注意が必要である。

　昔は海岸近くに住む人が多く、海水も今のように汚れていなかったので、塩味は海水をそのまま利用した。脂の甘味、海水の塩味、それぞれの山菜や肉、魚など具材が持っている味をうまく使って、おいしい汁を作るのである。

いろいろなこんぶを使う。
中央がオプシプシ。

いなきびご飯には、とうきびを入れることも。

豆（いんげん）の入ったいなきびご飯。

「お汁」と「お粥」でワンセット

　お汁に合わせ、穀物のひえ、米、あわでお粥［サヨ］を炊く。お酒を飲んだときのお茶漬けが欲しくなるように、脂ものを食べたときは、さらっとしたものが食べたくなる。胸焼け直しである。このようにお汁とお粥で一食が完成することになる。

　お粥を炊く場合、ひえや米はそれだけを炊く場合が多いが、あわ、いなきび、麦（多くは大麦）、そば、ささの実などの雑穀は、ひえや米と混ぜて炊いた。ささは竹と同様に何年に1度だけ花や実をつけるので、ささの実の収穫は相当難しいと言える。アイヌの女性は毎日野に入るたびに、ささの状況をチェックしており、実が落ちる時をけっして逃すことはない。

　穀物は種子のまま天日乾燥して保存し、使う時は囲炉裏上の火棚で熱してさらに水分を飛ばし、杵で搗いて白（はく）にした。白にする作業はもっぱら8〜10歳の子どもの仕事だった。

　お粥は囲炉裏の鍋で、水から長時間かけてゆっくりと炊いた。ゆっくり炊くことでデンプンが分解され甘味が出る。ひしの実や豆類、いたどりやおおばこ、どんぐりなどの種子の具、こんぶなどはお粥と一緒に炊き、青ものの山菜や筋子、デンプン団子、魚の焼干し（粉末）や白子の焼干しなどを具にする場合は、お粥が炊きあがった後に入れた（入れてひと煮立ちさせる具材もあった）。また、具材として薬用植物、なぎなたこうじゅ、おおばせんきゅう、ほうふうや、ゆりなどの根、きはだの皮なども使われた。

　混ぜご飯や炊き込みご飯［サタマム］も作られたが、昔の穀物の収穫量は今日と比べてはるかに少ないため、お粥の方が一般的になるのである。それはアイヌの人々に限ったことではなく、日本全体を見ても長年お粥が主流であり、ご飯が中心となるのはずっと最近のことである。なお、現在では先祖供養などの儀式ではまぜご飯、特にいなきびご飯が供えられることが多いが、お粥が儀式に用いられることはない。その他、ご飯ものの具には、やぶまめ、はまなすの実、むかご、くり、どんぐりなどが使われる。お粥もそうだが、塩などの調味料は原則、使わない。ただしえぞしかなどの脂を加えることはあった。

　また、和食の作法は「ご飯の椀は左に置き、汁椀は右に置く」とあるが、アイヌの

「アイヌ料理」とは何か

やまいもの"むかご"。
日本料理では広く使われる。

ご飯もの（下）は、
お粥（上）の延長とも言える。

　人々の主食はお汁であるから、当然昔は左側にお汁、右側にお粥やご飯の椀を置いていた。

　おかずは、魚を串に刺して焼いたり、山菜を炒めて野菜炒めのようにして食べた。香辛料には、山椒の実や、やまぶどう、ぎょうじゃにんにくなどを使った。また、あしらいには酸味のある、やまぶどうの芽や、いたどりの若芽を付け合わせた。また、煮魚には主に干した魚を使い、こんぶやふきと煮合わせた。

　刺身で食したのは春先の魚が多く、塩水に浸けて食べていた。生の魚や肉を［フィペ］、凍った魚や肉を［ルイペ］と呼ぶ（現在「ルイベ」と呼ばれるものの元祖である）。冬場に獲れた魚は屋外にぶら下げておけば自然にルイペになったという。えぞしかやひぐまなどの陸獣は内臓、肝臓や心臓、腎臓、膵臓等を刺身にした。冬季のビタミン摂取に有効だったと思われる。

カボチャのラタシケプ。
最近はシケレペを入れないことが多い。

樺太地方のチカリベ。
山菜と魚卵をうまく利用する。

"ラタシケプ"と"チタタプ"

　その他の料理には、和えものがある。アイヌ独特の料理として名前があがる［ラタシケプ］である。これは煮て合わせるものと、サラダ風のものがある。前者は、保存してあった食材を水で戻して煮合わせることが多いのに対して、後者は採ってきたばかりの旬のものを使う。

　前者のラタシケプの代表格は、かぼちゃを使ったもの（白老地方では"ボツボツ"と呼ばれる）で、現在はどこのアイヌの儀式でも必ず出される料理である。次に多いのがじゃがいもを使ったものである。それぞれ豆類やとうきびを煮合わせて作る。かぼちゃも、じゃがいもも栽培種で、昔はなかったものであり、元はゆりの根や豆、こうほねの実、あるいは比較的栽培が早かったいなきびなどが使われていたという。かつては"ボツボツ"には、きはだの実［シケレペ］は欠かせなかったが、その苦味から敬遠するアイヌの人も多く、現在の儀式では使われなかったり、作った後に、上にトッピングする場合も多い。

　ラタシケプという呼び名は地域によって違いもあり、樺太地方では"チカリベ"と呼ばれる。後者のサラダ風の和え物は、季節の山菜を、果汁をベースとするドレッシングで和えるが、地域によっては（特に樺太地方）、細く切ったこんぶや魚卵をほぐして合わせることも多い。かれいやたら、うぐいの卵が使われるが、樺太地方では数の子も使われる。最後に季節の果実、くわの実や、やまぶどう、のぶどう、きいちご等も混ぜ込むが、果実の代わりに、いたどりの若芽や、湯がいたうどなども使われた。

　和えものに昔は味噌やしょうゆは使われなかったが、酢の使用は比較的早かったらしい（和人から導入された）。

　ラタシケプと並ぶアイヌ独特の料理として［チタタプ］がある。生の魚をナタや包丁を使ってたたきにして、塩や行者にんにくで味を調える。新鮮な魚であれば、さけ、たら、うぐい、ます、かじき（の頭）、きんき、えびなど、何でもチタタプにできる。昔は内臓も混ぜて使ったが、現在はさけなど内臓の占める割合が少ない魚以外は、肝や白子、心臓など特定の部位を除き内臓は使わなくなっている。なお、目玉はつぶさないように注意してくり抜き、チタタプには入れずそのまま食べるのが普通であった。

「アイヌ料理」とは何か

チタタプは骨からたたき始め、肉や内臓を加えていく。

きんきのチタタプ作り。骨や肉をたたいた後、白子を加えて、さらにたたく。

　チタタプの調理は男が担当するのが慣例で、また、長時間かけて細かくたたくため、木くずなどが混じらないように、柾目（まさめ）や板目の通常のまな板はあまり使用せず、主に丸太を輪切りにしたたたき台を使う。

　チタタプの味は、生魚を使った料理なだけに、大変おいしいという人もいれば、まったく受け付けない人もいる。外国から来日した研究者がアイヌの儀式に参加した時、「チタタプは一般の日本の人々より、狩猟民族を先祖とする外国人の方が抵抗ないと思う」と話したという（しかし、その研究者も実際にはほとんど口にしなかったそうだ）。生魚は無理と思っている人も、一度はチャレンジしてみるといいだろう。

Columm：シケレペ（きはだの実）を入れたラタシケプ（ラタシケプの作り方は p.43 を参照）

●作り方
1. 乾燥保存したシケレペを水で戻してからゆでる。シケレペは好みに合わせて（粒のまま、半潰し、ペースト状、あるいは煮汁だけ）使い分ける。
2. とうもろこしと豆を炊き合わせ、食べ頃の柔らかさになったら、脂を加えさらに米の粉を加え、合わせて練り上げ、最後に1のシケレペを加えて仕上げる。

嗜好品について

　おやつは、家にふんだんに置いてある干し魚である。また、季節の果実もおやつになった。

　お茶の類は、あるにはあるのだが、嗜好品というよりも、薬湯としての意味合いが強い。きはだの樹皮やはまなすの根、なぎなたこうじゅやはこべの茎葉、よもぎの葉などを煎じたものが飲まれていた（p.98 参照）。

　また、お酒は神や先祖を祀る儀式に欠かせないものであり、自分たちが飲むというよりも、御神酒として神様に捧げるために作られた。材料はひえやあわ（あわ酒は米と混ぜて作った）を使い、麹も自分たちで寝かせて作った。もともと酔うために作るのではないから、アルコール分は薄く、甘口風である。また、子どもがお酒を飲んでもよかったという。タバコも魔除けの意味合いが強く、お酒同様に神事、儀礼に使われ、神事に参加する者、その場に居合わせる者は、子どもでも誰でも手軽に飲むことができたのである。

乾物類。奥がきはだの実、中央になぎなたこうじゅ。右はおおうばゆりの穂。下方にわらびやくるみ、どんぐり。

儀式で神に供えるシトと酒（あわ＋米）、右の椀は酒粕。

果物やタバコの葉も神事で供える。

もち米が食材として持ちこまれてからは、マメや他の穀物と合わせて、いろいろな米のもちが作られるようになった。

アイヌ料理の思い出

「アイヌ料理」とは何か

　ここで、アイヌの方々のお話を紹介する。まずは様似町在住の熊谷カネさんの山菜を中心とする春の料理の思い出である（『岡田コタンの暮し』（熊谷カネ、平成27年）より部分要約）。

①春の初めは海藻採りの季節

　春一番の食べ物は、磯に生えている"ポンコンブ"です。2月のまだシバレる中、旧暦の1～5日または旧暦の15日など、潮のよい日に海岸に採りに行きます。どんなに寒くても、2度、3度と採りに行ったと思います。ポンコンブは3月になると結構伸びて長くなり、採るのが楽になりますが、3月末頃になると伸びすぎて色も変わり、あまりおいしくないのです。

　ポンコンブは、さっと湯通ししたものに、あっさりとしょうゆで食べたり、酢みそ和えにしました。また、じゃがいもの味噌汁に水洗いしたポンコンブを入れて、煮立つ直前に火を止めると、ポンコンブがさーっと青くなり、きざんだネギを散らして食べるととてもおいしいものでした。ポンコンブは採ってきて2～3日で色が変わり、ドロっとしてしまうので、早めに食べきってしまいます。多く採れた時は、訪ねて来られた方におすそ分けしていました。

　3～4月にかけては、わかめ［ウォーコム］採りの時期です。採ってきたわかめは、さっと湯にくぐらせ、風通しの良い場所にぶら下げて、陰干しにしました。食べる時には、水の入った鍋に入れて火をかけ、水からゆでます。わかめの一番おいしい食べ方は"ヤマウ"だったように思います。

　ヤマウは「冷たい汁もの」で、棒タラの身をほぐしたもの、わかめ、長ねぎの入った、塩味のあっさりしたものですが、浦河に住んでいた私の兄は「夏に日陰に置いて冷ましたヤマウはとても冷たくおいしい。塩の加減なんだろうな」と懐かしそうに話していました。まぎれもなく母の味、おふくろの味であったと思います。

　わかめ採りのもうひとつの楽しみは、ひる貝（えぞいがい［パシクット］）を獲ることと、磯の海藻の中や、石の下にいる丸型の黒い小さい、ツブを獲ることです。わかめを湯通しした後の鍋に、パシクットやツブを入れ、貝の口が開いたものからザルにあげ、ゆでたてのアツアツを食べるのは本当においしく、今でもわかめの時期になると思い出します。小ツブは2～3日はおやつのように食べたものでした。

ヤマウ。夏においしい汁もの。

117

"ポンコンブ"は、こんぶと名がついているが、実は違う種類の海藻。大量には採れない貴重な食材で、地元の人以外が口にできる機会はなかなかない。p.73の料理写真を見ての通り赤色の「紅藻類」だが、水深の浅いところに生えている紅藻の多くはノリの仲間である。その形状と採取時期（冬～春）から、ポンコンブは、北海道一円の海岸で採取される「ヘラリュウモン」と思われる。また、ポンコンブと似ている海藻で"アカハタ"と呼ばれている海藻もある。そちらは「ウップルイノリ」と思われる。

冷やし汁の"ヤマウ"は主に夏に作られる汁もの。昔は鍋に海水を入れ、その中にわかめや干し魚などの具を入れて煮た後に日陰で冷まして作った。仕上げに薬味として、ぎょうじゃにんにくを入れるが、味つけに脂を使うこともあった。干し魚は脂分の少ないものがヤマウに向いている。棒たら以外では、ほっちゃれ（川を遡上して産卵を終えたさけ。雌雄どちらも使われる）がよい。

②山菜に"ミが入る"時期

4月に入ると日当たりの良い場所では、あさつきが芽を出します。春一番の青ものなので、日曜日にはみんなで誘い合って採りに行きました。家に持ち帰った後には、丁寧にゴミやヒゲ根を取る作業があり、けっこう手間がかかるので嫌々ながらもキレイにしておくと、母が喜んでくれ、酢味噌和えや、たまには卵とじにしてくれます。じゃがいもの味噌汁に入れても、青々とした色がキレイで食欲を誘います。

あさつきが大きくなり出したころ、畑に玉ピロ（のびる）が出始めます。これは手で引き抜くことができ、たくさんは採れませんが、さっとゆでておくと両親がこれも喜び、おひたし、酢味噌和えで食べたり、父は味噌をつけて食べました。玉ピロは畑起こしの前に採るものなので、短い期間にさっさと採っていたように思います。

この時期はフクベラ（にりんそう）がどこにでも生えてきており、それも学校から帰ると、近場で採って来ました。これもゆでておひたしにしたり、味噌汁に入れるなどしてよく食べました。この時期はみつば、せりなどもたくさん生えていましたが、うちではせりはあまり食べなかったように思います。また、たまにあざみなど若いうちに採って、おひたしにしました。

ふき［コルコニ］の葉が顔を出してくると、川かじかの"こっこ（卵）"を採りに行きます。川に入って石をひっくり返すと卵が石にぺたっとくっついています。それを静かにはがし、石は元通りに戻します。採ったカジカの卵は、ふきの葉に包んで大事に持ち帰ります。採りに行く時には、いつも母が「こっこに目が付いているものは、決して採るんでないよ」と言ってましたので、石の裏を見て、目があるものはそっと石を元通りに返しておきます。本当に卵のひとつひとつに目のようなものが見えるのです。採ってきた卵は母が煮つけにしてくれましたが、これもとてもおいしいものでした。

5月の田植えが始まるのは15日頃ですが、その頃はアカハラ（海から川に遡上してくるうぐい）の遡上時期でした。私が10代の頃は、川の中に立つとアカハラが足にぶつかってくるほどでした。

たくさん獲れたアカハラは腹を割いて洗い、刺身にして、ごんぼわさび（山わさび）で食べるとおいしいものでした。また、新鮮なものはチタタプ（たたき）にします。味付けは酢と味噌、少量の砂糖でした。あさつきや若いねぎをたくさん刻んで入れるとさっぱりとして食が進みます。

残ったアカハラは薪ストーブの上で焼き、わらで編んで、天井から吊るして干しあげます。カラカラに干したものはオハウ（汁もの）のだしになりました。また、やわらかく煮て甘からい煮つけにして食べたりしたものです。

アカハラが川に上る頃キトピロ（ぎょうじゃにんにく）も大きくなり、"ミが入って"きます。子どもの頃は、学校に行った時に「くさい」と言われたらイヤなので食べませんでしたが、卒業して家業の手伝いをするようになってある時、両親が大きくなったキトピロを食べていた時、私も1～2本食べてみました。甘くてとってもおいしいのです。今でも若いキトピロより、太く育ったものの方が好きです。

そしてキトピロが大きく育った頃は、他の山菜も今を盛りにと競い合うように出揃ってきます。ふき、わらび、ぜんまい、うど、みつば、せり等……ふきはたくさん採ってゆでて皮をむき、2～3日水にうるかして（さらして）大きな樽で塩漬け

のびる。
他の山菜やねぎ等と一緒に酢味噌和えにする。

うぐい。産卵期に川を遡上するころ、婚姻色として腹線に沿って赤筋が現れるためアカハラと呼ばれる。

アカハラの刺身。

アカハラのチタタプ。

うどの酢味噌和え。
うどの料理法では最もポピュラー。

収穫してきた春の山菜をゆでる。
下方中央ににりんそう、右にあさつき。

します。ぜんまいはゆでたものを、家の前にムシロを敷いて、広げて干します。
　うどは酢味噌和えで食べましたが、焼いて食べたことはなかったように思います。みつばもけっこう伸びていて、家のまわりでも採れました。毎日が山菜づくしでしたね。

　現在、山菜の収穫適期は比較的若い時となっており、ぎょうじゃにんにくなどは特に小ぶりなものが収穫されている。それは採りたての味を楽しむからであり、山菜採りをする人なら皆知っていることだが、春先の出始めの山菜は保存用にはならない。皮ごと食べられそうな若い山菜は、干すと保存に耐えないほどの細さになってしまい、量的にも少なくなってしまう。アイヌの人々は、春先のものは保存が効かないから"ミが入ってない"という言い方をする。6〜7月の"ミが入る"時期に、保存食の製造を本格的に始めるのである。
　山菜を保存する際は天日で干すことが多かった。山菜の場合は通常、細かく切って干す。細かく切ると、ひとつには乾燥が早いということと、青物の場合には青々とした色で干し上がる。大きい葉のままで干すと葉の先からだんだん黄色くなってしまうが、細かく刻むと青々としたまま干し上がるのである。
　塩漬けにする場合も、例えば、ふきの若いものは漬けていても溶けやすい。7月に入って採ったものは、塩漬けにしておけば、何年置いても形を保つ。「形がそのままでもつ状態」のことを、"ミが入った"と呼ぶのである。"ミが入った"状態のぎょうじゃにんにくを干すと、その匂いは若い時と比べ格段に強い。
　アカハラについては、オハウやチタタプなどもおいしいが、それ以外にもアカハラならではおいしい料理方法がある。本書では、食材の入手に至らなかったため掲載を断念したが、次の機会にはぜひとも紹介したいと考えている。

　次に、静内町（合併により現・新ひだか町静内）出身の大坂ヒテさん（昭和8年生まれ）のお話を紹介する。季節ごとに遡上する、いろいろな魚を保存し食材に用いていた様子がわかる。

山菜を日干しにする。
後方にはしか肉やさけの日干しも。

にりんそうの干しあがり。
右下の団子状のものはよもぎをまとめたもの。

「アイヌ料理」とは何か

③豊富な魚を干して保存する

　かめに、しかのレバーとこんぶを入れてフタをしておくの。そうして食べたものなんだわ。レバーは生のまま入れて、こんぶを焼いたものを食べやすく切って、かめの中で混ぜて、塩も何も入れないで、そのまま置いておくのさ。そうしたら、こんぶの塩分だけでちょうどよい味になるの。これは、私の婆さん（祖母）が作っていた料理で、それを見ていて作り方を覚えたものなの。最近、しかレバーをもらったものだから、そのようにして食べてみたのさ。他にも、婆さんはアキアジ（さけ）のチタタプをよく作っていた。アキアジは生のうちに身を取り、骨や頭もみんな一緒にたたくの。それから、白子も忘れずに入れないと美味しくならないんだ。婆さんは、他の内臓はチタタプには入れず、塩に漬けておいて、別に食べるの。

　どじょうは、囲炉裏の周りに串に刺して立てて焼いて、それをルサ（火棚）の上に載せて干しておく。焼いているうちにだいたい乾くのだけど、串に刺したままルサに上げておくと、焚き火の煙ですぐ燻製になるんだわ。燻製になっているから、夏でも虫が付くこともないんだわ。それに脂分もそんなにないから保存が効いたのだと思うよ。串を抜いて保存して、食べる時はチャママして（身をほぐして）、お汁の出汁に使ったものなんだ。

　アカハラやユグイ（うぐい）も同じようにして保存しておいたね。ユグイは、他にぬたにして食べたりもした。ウロコを取ってからぶつ切りにして、酢につけておくと骨が柔らかくなるから、それからねぎを入れて味噌と砂糖で味をつけて食べたの。アカハラは刺身で食べたり、チタタプにしたりしたね。チタタプは頭や骨、皮全部叩いてねぎを加えて塩で味付けして食べたんだわ。おいしかったね。それか

「アイヌ料理」とは何か

ますを開いて干した"アカイ"と呼ばれる干し魚。

ら、きゅうり（きゅうりうお）が川に上がってくると、ますも一緒に上がってくるの。川に上がったますもおいしかったし、きゅうりも海で捕れるものよりも川に入ってすぐ捕ったものの方が、身がしまっておいしかったね。刺身で食べる時は、三枚におろしてから皮を剥いて食べたよ。それから、腹（はらわた）は入ったままで、エラを通して何尾も１本の串に刺してから、ワラ縄に通して何串もいっぺんに干したものさ。メスは子がこぼれ出ないようによもぎの茎でも短く折って尻に刺しておいたね。そうして、その日のうちに干せたものを焼いて食べて、残ったら保存しておいたものなの。だけど、きゅうりは脂焼けが他の魚より早かったね。

　ますは、ますご飯などにして食べたね。身をおろしてご飯と炊いたり、小さければ腹を取って、１本まんまご飯と一緒に炊くこともあったよ。炊きあがったら、頭や骨を取ってかき混ぜて、塩で味付けして（後には醤油も使って）食べたの。ふきとますを一緒に煮ると、これも相性が良くて一品料理になるんだわ。きゅうりもますも流し網で昔は捕ったものだよ。捕れる時で、馬車箱と言って（四方が）1.5ｍくらいで高さ40～50cmの箱に一杯の時もあって、降ろすのも大変だったこともあったんだ。

　アキアジは、皮と身の間の茶色の脂身を取ってしまえば、あとの身は刺身にして食べれるの。ますはそんなに脂身を気にしないで食べても大丈夫だけど、どっちも刺身にするときは皮は剥いてしまう。それから、うちの爺さん（祖父）たちは、刺身を食べる時は塩をつけて食べていたし、すけそう（すけそうたら）も冬に獲れたものは、しばれている（凍っている）から、ちょっとストーブで炙ってから塩をつけて食べてたね。

　きゅうりうおは鮮魚の時に野菜のきゅうりに似た匂いがあるため、この名がついた。姿はししゃもに似るが、体長は倍の25cmくらいになる。
　現在のいわゆるトロ箱（流通業者が鮮魚を入れる、木もしくは発泡スチロール製の箱）は大型のものでも１辺１ｍもない。昔、魚を入れた馬車箱はかなり大きなものだったのである。

④ "アタネ"という野菜のこと

　昔のような食べ方してたら、お金もそんなに必要ないし、自然の恵みで豊富な山

菜があったから食べるものがなくて困るということもなかったの。家では、鶏なども飼っていたしね。でも、食べ物が豊富だからといって、好き嫌いは駄目。食べ物でも自分の好きなものだけ選んで食べていては、いつの時代でも栄養がかたよってしまうから。

　ラタシケプに使うとうきびをゆでる時は、ゆで汁を１回１回捨てないでそのまま続けて煮る。豆を煮る時は何回も水を取り替えるけど、とうきびは汁を捨てないよ。とうきびはよく煮ないで硬かったら美味しくないの。とうきびと豆がすっかり炊けたら、全部先に味をつけてしまって、その後で餅を入れる。昔の人は、とうきびと豆を一升ずつ使うんだわ。

　昔、"アタネ"という野菜があって、とうきびでもひえでも播いたところに一緒に播いて栽培したものなの。アタネは、葉っぱをゆでておひたしにしたり、炒めてみたり、お汁の実としても使ったの。細く切って煮ると炊けやすいの。それでも、煮る時は、先に入れて煮てから、他のいろいろな具材を入れるのさ。ものすごくおいしかったよ。

　アタネの栽培は現在行われておらず、詳細は不明である。明治以降に北海道に持ち込まれたかぶの類縁種「ルタバガ」とする資料は多いが、ルタバガの味はかぶとはまったく異なる。また、アタネの根菜部は赤色だとの聞き取りもあるが、ルタバガの根菜部は薄黄色である。かぶの仲間は種類が多く、北海道に導入された赤かぶの代表格として、道南一帯を主産地とする大野紅かぶがある。また、かぶとは全く異なる作物ではあるが、よく似た野菜でテーブルビートがある。こちらは江戸時代以降に日本に入って来ている作物で、欧州では紀元前から広範囲で栽培されている（ウクライナやロシア、ポーランドの料理、ボルシチの材料でもある）。現在、砂糖生産用途に北海道で栽培されるビート（てん菜）の類縁種でもある。

"ムーシ"を切り分ける。ハスカップを使用。

アイヌの涼しげなデザート、"ムーシ"が完成。

その他、珍しい食材、珍しい料理

　本書を見て、アイヌ料理の種類、食材の豊富さをあらためて知った人も多いと思う。
　しかし、アイヌの料理はまだまだある。今回は春の魚や山菜を中心に取材が行われたため、春と並ぶ稔りの季節"秋"の料理を十分に紹介することができなかった。特にさけや果実、きのこなどを扱った料理はまだまだたくさん存在するのである。それらについては稿をあらため、次の機会を待ちたいと思う。
　ここでは、珍しい料理、食材について簡単に紹介する。

①珍しい料理

　アイヌの料理には、日本料理の基本的な手法が揃っている、と記事の冒頭で触れたが、ここまでで触れていない料理法として「蒸し物」がある。
　蒸し物は、魚、肉の両方に存在するが、特に興味を引くのは肉料理である。肉をたたきにし、ささの葉などにくるんで蒸す方法が一般的だが、腸に詰めて蒸す、言わばソーセージのような料理がある。本書の一品料理 p.70 で、かじかの胃袋に肝臓を入れて煮る料理を紹介したが、こうした手の込んだ小品は、現在ではアイヌの人々の中でもあまり知られていない。
　また、ゼリーのようなデザートも存在する。樺太地方で"ムーシ"と呼ぶ料理である。現在は市販のゼラチンを使って作られているが、元はさけやかれいの魚皮や、ふのりやぎんなんそうなどを煮詰めてゼラチン質を得て作っていた。さけの皮は脂分の少ない、川に遡上してきたものを使った。中に甘味の具を入れて固めるのだが、樺太地方では具材として、こけももの実（いわゆるリンゴベリー）を使った。北海道内の他地域ではハスカップの実、はいまつの実、どんぐり、えぞえんごさく、ゆり根なども使った。
　なお、"ムーシ"の語源はフランス語の mousse（ムース）ではないか、という説もある。

②珍しい食材

本書p.31で紹介した炊き込みご飯の"スクスク"も、一般流通では目にしない食材である。見た目は真っ黒でインスタントコーヒーの粉のようであるが、ご飯と一緒に炊くと一段とおいしく感じる。スクスクはシダ植物の胞子で、春先に採取する。「こごみの胞子」と紹介している資料もあるが、シダ植物の判別は難しく、こごみだけが使用されたのかどうかは実際のところ分からない。他の山菜でもそうだが、採りに出かけるときには、知識のある人に同行してもらうのが望ましい。

黒っぽい色をした、収穫前のスクスクの穂。

変わったところで、アイヌの人々は昔、"食べられる土（珪藻土）" ［チエトィ］を、団子［シト］の増量に使っていた。ケイソウという藻に由来する白色の土で甘味があるという。

また珍しい食材として"フレチ"と呼ばれる生物がある。ユムシの仲間で海底に潜んでいるため通常は見つからず、網走や常呂などのオホーツク海・樺太沿岸で、流氷の接近後にまれに採取されるという。刺身などにして食べる。同じくユムシの仲間では、浜益地方で"ルッツ"と呼ばれる（アイヌ語の［ルチ］に由来する）ものがある。年末に海が荒れた直後に海岸で採取されるといい、厚田の道の駅「あいろーど厚田」での映像展示や、テレビ等でも紹介され、こちらは知名度が高い。またユムシの仲間は韓国でも食されている。ルッツは10cm程度とけっして大きくはないのだが、フレチは大きいソーセージほどのサイズである。

これらの食材は一般流通に乗ることはほとんどなく入手は困難であるが、入手したあかつきには、ぜひとも紹介したいと考えている。

あらためて「アイヌの料理」とは何か

ここで、あらためて「アイヌの料理」とは何か、ということについて本書監修・藤村久和氏に語って頂く（「第1回アイヌフードフェスティバル（2017年・アイヌ文化交流センター　ピリカコタン）」のパネルディスカッションから）。

私がアイヌの人たち、特にお爺さんお婆さんを訪問し話を伺うようになったのは1970年頃からで、いろいろなお話を伺う中、客人の訪問がある等の理由で十分な時間が取れなかった時、「話を聞きたかったら夜来るといいよ」と言われ、夕方訪ねると話は深夜までに及び、朝を迎えることもしばしばあった。そんな時には「朝ご飯食べていかないかい」と誘われる。また時には、訪ねていった時、晩ごはんを

2018年3月閉館したアイヌ民族博物館(白老)。
2020年7月、同地に国立アイヌ民族博物館が開館。

國學院大學北海道短期大学部で
秋に開かれていたペカンペ祭。

頂くこともあった。

「なぜそんなに私を食事に誘うのか?」その理由が知りたかったので尋ねると「一人で食べるより二人で食べた方がおいしい」との返事。一緒に食事を取りながら、料理の話とか、心の文化の話とか、そういったことを聞き、終いには一緒に料理を作ってみようか、となったり。そうした体験を重ねるうち、アイヌの人たちから「あれはうまい、おいしい」と聞くと、早速そこまで出掛けて行って、食べさせてもらうようになった。

そこで実際に食べてみて、一番最初に感じたことは、私の「うまい」という感覚がアイヌの人たちの「うまい」から相当ずれていたということ。アイヌの料理を頂いて「うまいでしょ」と言われてもなかなか実感が伴わない、と。しかし、「うまい」と言うからには「うまい」はずだ。最初は「うまい」とは言うことができなかったが、何度も食べているうちに、味は薄いが悪くないと感じられるようになった。何がうまいのか、話をよく聞いてみると、「昨日もらった新米なんだ、うまいべ」と。私はそれまで新米も古米も意識して食べたことがなかった。そこで、「味わってみれ、嚙んでみれ」と。あらためて食べてみると唾液と混ざったためか、食材の自然な甘みがにじみ出てきたのか、それが「うまいべ」の「うまさ」だと初めて気が付いた。

素材のうまみをどうやって生かすか。私たちは企業などの宣伝を聞き、その「企業のうまい味」を刷り込まされていただけだということに気づかされた。素材の味を生かすこと、それだけではない。私たちの「腹が減ったから食う」。それが食事だというのも、やはり思い込まされていたことに過ぎない。アイヌの人々には、「自分の生命を維持するために、他の生命で食いつないでいるのだ」という感覚が流れている。

料理を作りながら、お婆さんたちは「これ、どう作ったらうまいかな」と私に聞いてくる。「作るのは私ではないのになぜ相談してくるのだろう、先に『うまいから食べて』と勧めてくれていたのになぜ」と思った。もちろんその料理は、今まで私が食べたことのないものなのに。

素材をどう生かすか、尊い命を頂いて、試行錯誤しながらどう料理するか。そう

2017年札幌市アイヌ文化交流センター（札幌ピリカコタン）で開催された第1回アイヌフードフェスティバル。

アイヌ女性会議メノコモシモシ監修による、北海道150年記念駅弁「イランカラプテ弁当」

「アイヌ料理」とは何か

いうやり方が会話の中からわかってきた。わずかな食材でも大切に感謝して頂く。生ごみを捨てるときも「すまんなあ」と言いながら捨てる。これはなかなかできないことだろう。「食べれ」と誘った私も一緒に料理に巻き込んで、料理を楽しもうとする。そうして素材の味を楽しむ。したがって、ご飯に何かをぶっかけるナントカ丼のような食べ方は好まない。また、食事の態度、作法についても「いただきます」「ごちそうさま」に代わる言葉があり、「ヒンナヒンナ、ありがたい、ありがとう」そういいながら食べる。自分の腹を満たすために食べるのではなく、自然がくださった食材をおいしく感謝して食べる、そういう気持ちが食事の初めから最後まである。「うまい」とはそういうことなんだ、とお爺さんお婆さんから教わった。

おそらく、大昔の日本の他の地域の食事においても、根本は同じであったと思う。近代化とともに、そういう気持ち、食の楽しさも消えて行ってしまったのかも知れない。

食事の盛り付けに関しても、いろいろな工夫がある。それは色見がキレイというのではなく、おいしそうに盛り付ける。インパクトのある盛り方。食べる時も見て楽しみ、匂いを感じ、食材の取られた情景を思い出したり。当然、触感もある。食を五感で楽しむ、そういうことは今の私たちの食事には、なかなかないことではないか。

もうひとつ、料理を作るとき、子を思う母のように思いやりを持って、食べて頂く、その気持ちを大切にする。

あらためて、「アイヌの料理」というものがあるとするなら、それは「地元の、北海道の食材を使って作る、愛情のある料理」のこと。誰でも作れるし、思いが込められていれば、すべてアイヌ料理であると。

監修・料理　藤村　久和

プロフィール

1940年札幌市生まれ。北海道学芸大学教育学部卒。北海道厚田村立聚富小学校・石狩町立南線小学校教諭を経て、1970年北海道開拓記念館研究員、1984年北海学園大学教養部教授。1998年同人文学部教授。1999年同大学院文学研究科教授。

現、北日本文化研究所代表。北海学園大学名誉教授。北海道食育コーディネーター。

考古学から民俗学を専攻、研究対象はアイヌの人々が伝承してきた文化全般（暮らしと言葉、さまざまな儀礼、等）にわたる。

主な著作

『民族調査報告書総集編』
　　（共著、『北海道開拓記念館研究報告』第2号、北海道開拓記念館、1975年）
『アイヌの霊の世界』（小学館、1982年）
『アイヌ、神々と生きる人々』（福武書店、1985年）
『ケマコシネカムイ』（福武書店、1985年）
『チピヤックカムイ』（福武書店、1986年）
『イソポカムイ』（福武書店、1988年）
『エタシペカムイ』（福武書店、1990年）
『アイヌ学の夜明け』
　　（梅原猛との共編、小学館、1990年）
『聞き書アイヌの食事』
　　（共著、農山漁村文化協会、1992年）
『ヘンケとアハチ』
　　（共著、札幌テレビ放送株式会社、1994年）
『北海道民具事典Ⅰ・Ⅱ』
　　（共著、北海道新聞社、2018・2020年）

編集協力　花輪　陽平
撮　　影　鈴木　中弓
写真提供　中川　潤
協　　力　熊谷　カネ　楢木貴美子　折霜　礼子
　　　　　堀　悦子　葛野　大喜　大坂　ヒテ
　　　　　平澤隆二郎
　　　　　（一般財団法人）アイヌ民族博物館
　　　　　カフェ・リムセ
　　　　　（フロンティア／社会福祉法人ホープ）
　　　　　（公益社団法人）北海道アイヌ協会
　　　　　網走アイヌ協会　様似アイヌ協会
　　　　　白糠アイヌ協会　浦河アイヌ協会
　　　　　白老アイヌ協会
　　　　　アイヌ女性会議（メノコモシモシ）
　　　　　國學院大學北海道短期大学部
裏表紙　伊沢　オヤエ作　刺繍衣
　　　　（明治末期頃の作）

自然の恵み
アイヌのごはん

2019年 4月10日　第1刷発行
2020年12月15日　第2刷発行
2022年 5月20日　第3刷発行
2023年11月 2日　第4刷発行
監　修　藤村　久和
発行人　新井　敏孝
発行所　デーリィマン社
発売元　株式会社北海道協同組合通信社
　　　　〒060-0005
　　　　札幌市中央区北5条西14丁目
　　　　http://www.dairyman.co.jp
　　　　e-mail　syuppan@dairyman.co.jp
電　話　出版部　011(231)5653
　　　　総務部　011(209)1003

定価はカバーに表示。
本書掲載の写真・記事等の無断複製を禁じる。
乱丁落丁はお取替えいたします。お買い求めの書店か、小社までご連絡ください。

Printed in Japan
ISBN978-4-86453-058-3　C0077　¥1800E

カバーデザイン　葉原　裕久(vamos)
デザイン・印刷　株式会社アイワード

料理写真のご利用を希望する方へ

本書レシピページ(p.6～79)掲載の料理写真（デジタルデータ）を有料で販売いたします。

■詳細は当社ホームページをご覧ください。
　http://www.dairyman.co.jp
■お問い合わせ：デーリィマン社出版部
　e-mail　syuppan@dairyman.co.jp